杨义先趣谈科学

通信
那些事儿 上册

拍案惊奇，原来科学家不神秘　　章回说书，果然做学问也很酷

人民邮电出版社

北　京

图书在版编目（ＣＩＰ）数据

通信那些事儿. 上册 / 杨义先，钮心忻著. -- 北京：
人民邮电出版社，2022.1
（杨义先趣谈科学）
ISBN 978-7-115-57129-8

Ⅰ．①通… Ⅱ．①杨… ②钮… Ⅲ．①通信技术－科
学家－生平事迹－世界 Ⅳ．①K815.616

中国版本图书馆CIP数据核字(2021)第162324号

内 容 提 要

随着技术的快速发展，通信已经并将继续深刻地影响和改变我们的生活以及社会的各个方面。在通信发展的过程中涌现出了许许多多伟大的人物，我们在教科书、技术专著以及科普书籍中经常见到那些闪光的名字。那么，这些英雄到底都是谁？他们是如何取得这些里程碑式的成果的？他们的背后有什么精彩的人生故事？他们有什么科研经验？他们的故事对我们有什么启发？本套图书分为上下两册，对诸如此类的问题给出了全面系统的回答。

本套图书采用章回体小说的形式，用幽默风趣的语言介绍了数十位为通信技术的发展做出重大贡献的科学家的生平故事，以及那些里程碑式的发现和发明是如何产生的。本套图书可供对通信感兴趣的读者阅读，也可以作为通信从业人员以及相关专业的学生的趣味读物，还可以作为教师授课的有益补充。

◆ 著　　　　杨义先　钮心忻
　　责任编辑　刘　朋
　　责任印制　陈　犇

◆ 人民邮电出版社出版发行　　北京市丰台区成寿寺路 11 号
　　邮编　100164　　电子邮件　315@ptpress.com.cn
　　网址　https://www.ptpress.com.cn
　　三河市中晟雅豪印务有限公司印刷

◆ 开本：720×960　1/16
　　印张：14.25　　　　　　　　2022 年 1 月第 1 版
　　字数：178 千字　　　　　　 2022 年 1 月河北第 1 次印刷

定价：59.90 元

读者服务热线：(010)81055410　印装质量热线：(010)81055316
反盗版热线：(010)81055315
广告经营许可证：京东市监广登字 20170147 号

前　　言

科学家也分层次。像牛顿和爱因斯坦等这样的顶级科学家是人们永远景仰的对象，他们的传记自然是读者的共同兴趣点。除了顶级科学家，各专业领域中还有很多伟大的科学家，他们的知名度略低一些，但他们也是科学发展过程中的里程碑式的人物，同样值得人们永远纪念，特别是值得相关专业人士充分了解和学习。他们的成功经验对于同行来说可能更有借鉴意义，他们的失败教训更值得我们深思。

作为信息界发展最快的领域之一，现代通信成了全社会关注的焦点。开设通信专业的院校非常多，每年招收的通信类专业的大学生和研究生的人数也在迅速增加，通信类课程和教材更是数不胜数。这些教材和课程有两大共同特点：其一，许多科学家的名字反复出现；其二，这些名字被一笔带过，从而为本套图书的写作留下了有待填补的空白。换句话说，我们在本套图书中将针对通信领域的顶级科学家，以幽默风趣的语言全面系统地回答如下问题：这些伟大的科学家到底是谁，他们是如何取得那些里程碑式的成果的，他们都有着怎样精彩的人生故事，他们都有什么科研经验，他们的故事对我们有什么启发，等等。

具体说来，我们在本套图书中将以喜剧评书的方式，外加魔幻现实主义笔法，从全新的视角重现有史以来电子通信领域各个分支、各个时期顶级科学家的风貌。与以往的"科学家故事"和"科学家传"不同，本套图书绝不做任何简单机械的素材堆积，而是按通信领域的不同分支，以科技进步的轨迹为轴线，通过科学家的现身说法，展现各分支领域的里程碑式的人物、发现和发明，以及整个通信领域的发展状况。本套图书所述的科学家广泛涉及电池、电流计、有线电报、电磁感应、电话、有线通信、通信理论、无线电报、电子学、电子管、无线电广播、电视、微波技术、微电子技术、卫星通信、无线通信等主题。

通信，准确地说是电子通信或简称电信，当然不是突然无中生有的，而是经历了一个漫长的演化过程。在此期间自然少不了众多早期奠基者，他们有的让人类认识了电，有的让人类认识了磁，有的让人类认识了电与磁的相互感应等。因此，本套图书在前 18 回中介绍了若干早期的科学家，他们的成果虽与电信有一定的距离，但确实为电信的诞生和发展铺平了道路。他们当中有让人类认识了磁的吉尔伯特、洪堡，让人类量化认识了静电的库仑、拉普拉斯，让人类认识了（直流）电的伽伐尼、伏特、本生和欧姆，让人类认识了光的托马斯·杨、阿拉果、菲涅耳，让人类认识了电磁感应和电磁波的奥斯特、安培、亨利、法拉第、焦耳、楞次、亥姆霍兹，以及通信理论功臣香农等。

前面 18 回中介绍的科学家为通信的诞生和发展奠定了坚实的基础，接下来的 19 回将介绍若干与电报有关的通信大师，他们分别是静电时期的电报功臣富兰克林，有线电报功臣高斯、惠斯通、莫尔斯，电缆功臣菲尔德、开尔文、电磁波功臣泊松、格林、麦克斯韦、哈密顿、赫兹、亥维赛、洛伦兹、劳厄、闵可夫斯基，以及无线电报功臣波波夫、马可尼、特斯拉、卢瑟福等。电报是最早的电子通信方式，早已被淘汰。可能每个人都听说过"电报"一词，但年轻的读者估计都没见过电报的庐山真面目，除非是在电影、电视和博物馆中。若你有兴趣了解电报的古老历史，我们建议你阅读拙作《通信简史》或《密码简史》的相关章节。不过，从纯技术角度看，电报的"形"虽已消失，但其"神"一直传承至今，甚至还会继续传承下去。比如，莫尔斯电报的编码思路被改良成了如今通用的最优信源编码，用有线或无线电信号传递文字的方法演变成了网络时代铺天盖地的数据传输。

本套图书最后一部分将介绍 20 位以上通信大师，包括电话功臣梅乌奇、格雷（以及布尔瑟、赖斯）、贝尔、爱迪生，电缆功臣西门子，长途电话功臣福雷斯特（以及弗莱明），手机功臣拉玛，电子学功臣汤姆孙、威尔逊、密立根、朗缪尔，照相机功臣达盖尔（以及涅普斯、塔尔博特和赫谢尔），广播电视功臣费森登、贝尔德（以及尼普科）、范斯沃斯（以及佐利金）、瑞利、莱纳德，微电子功臣肖克利、巴丁（以及布喇顿）、基尔比、诺伊斯（以及赫尔尼、列浩辉）等。他们为电话、广播和电视等的发展做出了重大贡献。为啥要将这些人放在一起介绍呢？因为从技术角度看，广播和电视都不过分别是最简单的单向语音电话和视频电话。特别是随着手机功能的进一步强化，人机界面终端几乎都可纳入电话领域，或者说在不远的将来，电话将成为整个信息领域的核心之一。

当然，上面仅是对这些科学家定位的一个参考，因为许多科学家的成就横跨了好几个方面，单独提及某一方面都不够准确。非常遗憾的是，有些科学家的成就很大，但其生平素材缺乏，所以我们无法将其写入本套图书中，比如基尔霍夫定律的提出者、德国物理学家古斯塔夫·罗伯特·基尔霍夫以及 1909 年诺贝尔物理学奖获得者、阴极射线管的发明者、德国物理学家卡尔·费迪南德·布劳恩等。另外，维纳等通信功臣已在《科学家列传》这套图书中出现过，我们在这里就不再赘述了。

在编写这套图书时，我们特别注意把握严肃与活泼之间的分寸。对于科技内容，我们务必严谨；但在介绍科学家的生平事迹方面，我们力求活泼生动，甚至采用了魔幻现实主义的手法，让读者充分享受阅读的快乐，在笑声中轻松了解通信界著名科学家的方方面面。本书尽量忠实于历史事实，并不回避某些科学家的负面内容。这样做的目的就是要强调科学家也是人而不是神，虽然他们取得了伟大的科学成就；科学家并非高不可攀，人人都有成为科学家的潜力。本书采用章回体小说的写作方式，融入了评书、相声和喜剧等许多元素。我们还将一改过去传记的呆板模式，尊重客观实际，把科学家描述成为正常人而非不食人间烟火的异类或完美无瑕的榜样。我们笔下的科学家将是普通人能够接近、学习甚至超越的凡人。

有人说"科学是这样一门学问，它能使当代傻瓜超越上代天才"，但是我们编写这套图书的目的绝不是只想让"当代傻瓜超越上代天才"，还想让当代天才成为当代科学家，成为被"后代傻瓜"努力超越的对象。所以，本套图书的重点不在于介绍科学家们都"干过什么"，而是要深入分析他们是"如何干的"，有哪些研究方法和思路值得后人借鉴，有哪些成功的方面值得我们学习，有哪些失败的教训需要今人吸取。换句话说，如果伽利略的名言"你无法教会别人任何东西，你只能帮助别人发现一些东西"是正确的话，那么我们主要想帮助读者发现"一些东西"，最好是发现"科研成功的共性"，比如科研的动力从哪里来，通信领域的里程碑式的人物、发现与发明都有哪些，科学家的特质是什么，通信科技进步与外界环境之间的关系如何，等等。

本套图书可供对通信感兴趣的读者阅读参考，也可作为通信类专业学生的课外读物。当苦读通信科技内容并陷入"山重水复疑无路"的境地时，你可以通过阅读本套图书放松放松心情。没准儿，读完后哈哈一笑，你就会迎来"柳暗花明又一村"呢！本套图书也可以帮助通信专业的老师活跃课堂气氛吸引学生的注意力，取得更好的教学效果。结合拙作《通信简史》阅读本套图书，也许效果更好。读完本书后，如果你喜欢这种写作风格，我们欢迎你进一步阅读我们所撰写的《科学家列传》和《中国古代科学家列传》。

由于作者水平有限，书中难免有不当之处，欢迎大家批评指正，谢谢！

杨义先　钮心忻

2021 年 1 月 15 日于北京

目　　录

第一回

吉尔伯特虽御医，磁学之父更传奇

伙计，你相信吗？正式开启人类磁学大门的人既不是物理学家，也不是化学家，而是医生，而且是当时顶级的医生，当时唯一超级大国英国女王伊丽莎白一世的御医。真的，不是开玩笑，因为在 1600 年，即布鲁诺被宗教裁判所活活烧死那年，也就是莎士比亚在伦敦创作世界名著《哈姆雷特》那年，这位御医完成了另一部世界名著《磁论》，从而在科学意义上标志着欧洲文艺复兴正式开始。君若不信，请打开《磁论》一书，看看它在 400 多年前基于实验观察所描述的电磁结论，看看这些结论是否依旧活力四射。

《磁论》指出：地球本身就是一个大磁体，地球内部有个大铁心，地球上的磁针会始终指向南北；球形磁体都有极性和磁轴，还有磁经线，即在同一条经线上，磁针的指向不变；在任何两个球形磁体表面，在经、纬度相同的地方，磁针的指向基本上相同，因此，从磁性角度看，球形磁铁都很像地球；被烧热后，磁铁的磁性会消失；若用铁片遮住磁石，其磁性将减弱；当一块磁铁被切断后，每一段都会保持其磁性和极性；磁石之间既可能相互吸引，也可能相互排斥，这种吸引或排斥的强度与均匀磁石的质量成正比，这也许是人类首次提出独立于"重量"的"质量"概念吧。怎么样，这些结论够摩登吧！实际上，在《磁论》出版约200年后，德国数学家高斯终于从数学上对《磁论》中介绍的极性进行了严格论证，从而建立了较为完整的地磁理论。

伙计，别急于赞叹，因为我们还没说完呢。《磁论》进一步指出，琥珀、玛瑙、硫黄、明矾、火漆、玻璃棒、金刚石和蓝宝石等物质在被摩擦后都会吸引纸屑等轻小物体，且这种现象与磁并不是一回事。为此，《磁论》专门创造了一个新名词"电"来表示摩擦后能吸引纸屑等的那个东西。哈哈，原来"电"（实际上是指"静电"）竟藏在《磁论》一书中呢。关于静电的吸引力，《磁论》巧妙地用实验表明：离带电体越近，吸引力就越大，而且该吸引力沿直线作用；带电体被加热或置于潮湿处时，吸引力将消失。此外，与刚被烧死的布鲁诺类似，《磁论》的作者也坚信地球在运动，在围绕一个轴线不断地自转。此外，他还猜测"月球也可能是一个磁体，也会自转"，"太阳也会自转"。如今看来，《磁论》中的这些猜测基本上正确，但当初它给出的解释并不严谨，因为它误认为让星体自转的外力是"磁力"。

书说至此，可能有读者会好奇：《磁论》的作者咋有如此神通，他到底是谁，他又是如何写成这本书的呢？欲知详情，请读下文。

明朝嘉靖二十三年，即葡萄牙船员在赴日贸易途中偶然发现我国台湾岛的那年，准确地说是1544年5月24日，在英国埃塞克斯郡的科尔切斯特镇的一个大法官家里，诞生了本回主角威廉·吉尔伯特（William Gilbert）。

吉尔伯特是如何成长起来的呢？不知道！他的工作情况怎样呢？不知道！他的生平事迹又如何呢？抱歉，仍然不知道！找遍所有历史资料，有关吉尔伯特的情况，只能凑出一份很短的表格型简历。他在25岁时获得剑桥大学圣约翰学院的医学博士学位，而此前他先后在这里获得了文学学士和文学硕士学位。若看专业的话，他本该与物理无缘，最多可能研究一些化学问题，毕竟西医与化学天生就有亲缘关系。博士毕业后，他首先环游了欧洲大陆，然后于28岁那年在伦敦开办了一家私人医疗机构，很快就因医术高明而成了当地的名医。后来，他被任命为英国伦敦皇家内科医学院院长。总之，吉尔伯特的本职工作应该非常出色。

大约从36岁起，吉尔伯特迷上了磁学、电学和天文学。后来，经过整整20年的钻研，他终于在56岁时出版了史上首部系统阐述磁学的专著《磁论》。作为一名大夫，吉尔伯特为啥会研究与自己的学科完全无关的磁学呢？虽不知具体原因，但当时的历史大环境还是相当清晰的。从吉尔伯特出生到去世，他的祖国都在与西班牙争当海上霸主。因此，航海用的磁针罗盘就成了上至皇室、下至普通百姓关注的焦点，许多人自然也就把研究磁铁当成了个人爱好。磁性的奇妙现象确实也很吸引人，容易让人上瘾。相关磁学研究成果在当时容易受到官方重视。几乎就在吉尔伯特去世的那年，西班牙"无敌舰队"的神话终于破灭，随后英国迅速崛起成为超级大国。

57岁时，吉尔伯特被英国女王伊丽莎白一世任命为自己的御医，还被加封为爵士。但非常遗憾的是，仅仅两年后，女王就于1603年3月24日死于伦敦。女王去世后，她的继承人詹姆士一世继续聘任吉尔伯特为自己的御医，但再次非常遗憾的是，仅仅 8 个多月后，吉尔伯特就于 1603 年 12 月 10 日因鼠疫在伦敦逝世，享年 59 岁。

也许有的读者会质疑：吉尔伯特作为人类历史上如此重要的科学家，仅仅过了 400 多年，他的许多生平信息咋就没了呢？经认真分析后，我们发现主要原因可能有三：其一，吉尔伯特终身未婚，没有直系后代来刻意保留和传诵他的相关事迹；其二，在吉尔伯特生活的时代，文艺复兴刚刚开始，科学的价值还未充分展现，科学家自然也就未受到足够的重视，更没有人对科学家的生平感兴趣，况且那时英国还不是文艺复兴的中心；其三，也许更重要的原因是，不知何故，吉尔伯特在撰写自己的代表作《磁论》时竟沿用了当时正被迅速边缘化的古老传统，只采用拉丁文来出版《磁论》，而不是同时出版其英文版。于是，他的磁学成就及许多先进思想在他的祖国几乎被埋没了整整 300 年，他的生平信息自然也就烟消云散。直到 1900 年，在电子的发现者汤姆生的积极倡议下，《磁论》才被翻译成了英文。换句话说，吉尔伯特之所以还能有简短的生平流传至今，主要归功于他曾当过两年御医。

所幸吉尔伯特在磁学方面的主要成果在《磁论》一书中得到完整保存，今天吉尔伯特仍被科学界尊为"磁学之父"，在电磁学中以他的名字命名了磁动势的单位"吉伯"（类似于电学中电动势的单位"伏特"），以此纪念他对电磁学的开创性贡献。更重要的是，当《磁论》传到那时的文艺复兴中心意大利后，立即引起轩然大波，甚至成了文艺复兴中现代科学革命的主要导火索。如今再回过头来，究其原因，至少有以下两点。

第一，《磁论》的科研方法独树一帜，让当时的科学家耳目一新，甚至惊呼科研竟然可以这样来做！原来此前的科研方法主要是思辨和推理，形象地说，就是"君子动口不动手"，其中最典型的例子便是欧几里得几何学。而《磁论》另辟蹊径，开始让在细心观察基础上的具体实验结果说话，让实践成为检验真理的标准，所有与具体实验相矛盾的"科学结论"都将被无情地否定，所有经得起重复检验的结论才会被接受。因此，吉尔伯特也被认为是实验科学研究的开创者之一。为了证明"球形磁体与地球类似，确实存在磁力线、磁极和磁经线等"，吉尔伯特真的用磁石做了多个大型圆球，接着就像风水先生那样，端着磁针在磁球表面进行地毯式搜索，并在每一点用笔将磁针的指向画成球面上的小箭头。结果，见证奇迹的时刻到了。这些箭头竟然清清楚楚地组成了一条条经线，分别指向磁球的两极！无论磁球的大小如何或最初位置如何摆放，上述实验结果都经得起反复检验。

第二，《磁论》一书在意大利受到了至少两个有识之士的赏识，他们分别是比吉尔伯特年轻 24 岁、现在被公认为"现代观测天文学之父""现代物理学之父"和"现代科学之父"的伟大科学家伽利略，以及比吉尔伯特年轻 31 岁、发现行星运动三大定律的伟大数学家、天文学家和物理学家开普勒。据说，伽利略在读罢《磁论》后拍案而起，连称伟大，甚至说《磁论》一书"伟大到令人妒忌的程度"。后来的事实也表明，无论是伽利略还是开普勒，他们的几乎所有科研成就无不深深地打上了吉尔伯特的烙印，各种具体的科学实验在他们的科研生涯中扮演了不可替代的角色。伽利略不但学到了吉尔伯特的实验精髓，更对其实验方法进行了系统整理，创立了一套沿用至今、现代科学家不可或缺的数学与实验相结合的研究方法。这种方法分为以下三个步骤。

第一步，提取出从现象中获得的直观认识，用最简单的数学形式表示出来，以建立量的概念。

第二步，用数学方法，由此导出另一个易于用实验证实的数量关系。

第三步，通过实验证实这种数量关系。

若仔细分析，我们将不难发现伽利略的几乎所有科学成果都是严格按照上述三个步骤来完成的。如今几乎所有科学家的所有科研成就也都在某种程度上有意或无意遵循了这种思路。所以，伙计，你若今后想成为科学家，请务必随时注意运用伽利略基于吉尔伯特的思路而完善的上述三个步骤。虽然伽利略始终相信"你无法教会别人任何东西，你只能帮助别人发现一些东西"，但是本回的主角吉尔伯特最能帮你发现的东西可能就是正确而先进的科研方法。

当然，必须指出，经过吉尔伯特和伽利略之后 300 多年的飞速发展，如今的科学研究内容和方法早已不同以往了，各位千万不要生搬硬套上述三个步骤。比如，现代科学对自然和社会的研究越来越广泛和深入，研究中的直观程度越来越低，抽象程度越来越高，因此逻辑思维方法就必须得到高度发展。学科的进一步分化和综合产生了若干新兴学科和边缘学科，增强了科研的整体性和综合性，因此系统思维的科研方法也不可缺少。现代科学还将发现一系列原有科学体系不能解释的新事物，出现一些佯谬，甚至破坏科学体系原有的原则和逻辑，引发科学体系的根本性变化，比如从牛顿体系到爱因斯坦体系的飞跃。因此，在科学研究中不能死守过时的世界观，要敢于否定和自我否定。现代科学研究的复杂性和综合性也在日益增加，研究手段日益复杂而精密，研究活动日益成为集体的综合性事业，因此需要在不同方面、不同层次上进行充分的配合和协调，这又为科研方法提出了新挑战。

　　总之，如今虽已不存在放之四海而皆准的现代科学研究方法，但在科研中随时留意一些关键点还是大有裨益的。比如，要刻意处理好观察和实验的关系、事实和因果的关系、归纳和演绎的关系、类推和概括的关系、假说和理论的关系、确定性和不确定性的关系、猜想和验证的关系、系统和结构的关系、结构和功能的关系、系统和要素的关系、理论和实践的关系等。如此才能在现代科学研究中取得更好的效益，预祝各位科研成功！

第二回

动若脱兔洪堡狂，静若处子著书郎

好奇怪，洪堡是这么伟大的科学家，居然很少有人知道其姓名！真的，你听说过洪堡吗？直到我的某位高徒获得"洪堡基金"出国进修时，我才首次听到这个名字。即使在那时，我也不知道洪堡是一位伟大的科学家。

读罢有关材料后，我才发现：当年的洪堡竟是与拿破仑齐名的大腕呀！贵为皇帝的拿破仑在自己的国土上也会因洪堡的名气太大而吃醋。真的，你看，美国前总统杰斐逊称他为"我们时代最伟大的荣光之一"；生物学家达尔文也承认"没什么能比阅读洪堡的故事更让我激动了"，并坦称若无洪堡的影响，他就不会登上"小猎犬号"，也不会有《物种起源》问世；伟大诗人歌德回忆道，与洪堡共度几天，他的"见识增长了数年"。这简直就是歌德版的"听君一席话，胜读十年书"嘛。美国最受人尊敬的自然作家梭罗回忆道："在洪堡的著作中，我找到了困惑已久的答案，即如何同时成为诗人和博物学家。假如不曾读过洪堡的著作，那么《瓦尔登湖》将面目全非。"至于泰勒和华兹华斯等文学家嘛，他们更将洪堡的自然观纳入了自己的作品中。

从科学角度来看，洪堡的众多头衔也很吓人。他是著名的地理学家、博物学家、植物学家、生物学家与地质学家，又是地貌学创始人、火山学创始人、近代地理学创始人、近代气候学创始人、植物地理学创始人以及地球物理学创始人等，还是"19世纪科学界最杰出的人物之一"。

若稍加留意，你将发现以"洪堡"之名命名的东西多如牛毛，遍布欧洲、大洋洲、美洲等地。在大海里有洪堡寒流，在墨西哥有洪堡山脉，在委内瑞拉有洪堡峰，在阿根廷有洪堡城，在巴西有洪堡河，在厄瓜多尔有洪堡间歇泉，在哥伦比亚有洪堡海湾，在格陵兰岛有洪堡海角和洪堡冰川，在南非、新西兰和南极有洪堡山脉，在塔斯马尼亚和新西兰等地有洪堡瀑布，在巴黎有洪堡大街，甚至连美国的内华达州都险些被命名为洪堡州。据不完全统计，仅仅在北美就至少有4个县、13个城镇以及若干山峰、海湾、湖泊、河流、公园等以"洪堡"命名。在生物界，有300多种植物和100多种动物以"洪堡"命名。在矿物界，以"洪堡"命名的矿石也不少。月球上也有洪堡海。总之，在各种命名系统中，"洪堡"大概是最常见的名称了。

读罢本回后，你也许会拍案而起。嗨，这不就是西洋版的徐霞客传吗？当然，必须承认，洪堡的游记确实改变了人们的自然观，因为它归纳出了许多重要科学理论和发现。伙计，求求你，别再追问洪堡的科学发现到底有些啥了。因为知道答案后，你肯定立马傻眼：这不是连小孩都知道的常识吗？的确，它们之所以成为今天的常识，那是因为当年洪堡首先捅破了窗户纸。其实，最靠近日常生活的自然规律才是最重要的科学发现，可惜其发现者也最容易被遗忘，正如没人知道谁是"1+1=2"的发现者一样。

闲话少说，书归正传。下面有请洪堡登场。

话说在徐霞客诞生 182 年或去世 128 年后，在拿破仑诞生的那年，更准确地说是在乾隆三十四年，即 1769 年 9 月 14 日，本回主角弗里德里希·威廉·海因里希·亚历山大·冯·洪堡（Friedrich Wilhelm Heinrich Alexander von Humboldt）诞生于德国柏林的一个富贵之家。他的父亲是普鲁士国王的宫廷大臣，母亲是大家闺秀。他有一个很有名的哥哥，他的哥哥是柏林大学的创办者和比较语言学创始人。洪堡是家中的老二，也是妈妈的宝贝幺儿。

洪堡的家很大，大到什么程度呢？这样说吧，他家干脆就是一个森林公园。也可以说，小洪堡就是在大自然中长大的。你看，保姆在花草间追着他疯跑，厨师在翠湖边哄着他吃饱，家教老师在树下给他授课。至于睡觉嘛，也许今天在山巅，明天却又在草原。所以，洪堡从小就养成了"贪玩"的习惯。家中各种花草树木的名称得搞清楚吧。哪座山高，哪条河长，哪里热，哪里冷，哪里星星多，也得问明白吧。除了家里的森林公园外，外面还有啥异景，还得找到答案吧。一来二去，远游的种子就播进了洪堡幼小的心田，他立志要到非洲去，到美洲去，到地球上荒无人烟的地方去！

10 岁那年，父亲不幸去世，母亲只好担起持家重任。好在父亲留下了几座矿山，他家仍属超级富豪，洪堡兄弟俩仍能接受良好的教育，许多全球一流的学者被请来当家教。在洪堡 15 岁那年，德国著名博物学家威尔特诺来到了他的家中，惊喜地发现了一匹千里马。于是，威尔特诺立即向洪堡的母亲强烈建议，让洪堡在博物学方面大展宏图。可是，洪堡的妈妈果断地拒绝了。她的如意算盘是，今后让老大传承家族的"贵"，继续在宫廷任职，而让老二洪堡传承家族的"富"，继续经营自家的矿山。在洪堡 16 岁时，著名植物学家维尔德诺夫被请到家中给他讲授林奈的植物分类法和韦尔纳的矿物分类法，这就在无形中为洪堡将来的探险工作打下了坚实的科学基础。在洪堡 17 岁时，著名物理学家赫尔茨又被请到家中，他教会了洪堡许多电磁学知识。在赫尔茨的指导下，洪堡在家中安装了当时法国的第二根避雷针。后来的事实表明，这些知识对洪堡的成功都起到了关键作用。

另一位家庭教师影响了洪堡的一生。他就是洪堡的启蒙老师肯普。肯普懂得"儿童就是儿童"，所以，他主要采用启发式教育方式，几乎不强迫洪堡做任何事情，而重点发现并培养洪堡的兴趣和爱好。另外，肯普也是《鲁滨逊漂流记》的德文版译者，还是一位远航探险发烧友。他经常给小洪堡讲故事，特别是讲述远古时期热带王国的故事。因此，我们有理由相信，成年后的洪堡热衷于探险很可能要归功于肯普这位早期的教师了。

结束了全面而良好的家庭教育后，乖儿子洪堡听从妈妈的安排，在 18 岁那年进入法兰克福大学学习矿业知识，随后转入哥廷根大学，再后来又于 1791 年转入弗赖贝格矿业学院。妈妈安排的正规学业都以矿业为中心，其目的明白无误。可哪知在大学期间，洪堡遇到了一位奇葩老师，他仅凭三寸不烂之舌就让洪堡心中的那颗远游的种子生了根，发了芽。这位老师就是福斯特，他曾随英国著名航海家詹姆斯·库克的探险队在南半球的海洋上航行，到过不少地方。他讲述的许多探险故事让洪堡心驰神往，他介绍的若干有趣风物让洪堡更觉得海外神奇。在洪堡 21 岁那年，福斯特亲自带着他前往荷兰、比利时和意大利等国进行地理和植物考察。福斯特向洪堡传授了综合考察"秘籍"：若想揭示自然界的基本规律，就得研究各学科的边缘状况，并将各种现象联系在一起。在经过阿尔卑斯山时，他们发现植物的形态随海拔高度的变化有很大的变化。于是，洪堡将植物和气象状况随海拔高度的变化联系在了一起，在原有的二维气象学的基础上发展出了三维气象学，指出植物和气象状况也会随海拔高度的变化而变化，正如它们会随经纬度的变化而变化一样。这在后来竟成了植物形态地理学的一条基本定律。

意大利之行初战告捷后，洪堡更坚定了探索大自然的决心：必须远行！

1792年初，洪堡大学毕业了。他虽按妈妈的意愿，乖乖地到了矿山经营自家祖业，但心中无时无刻不惦念着探险，甚至将自家的矿山和矿井作为考察对象。他在矿井深处发现地衣等地下植物有一种特殊的光合机能，能在无光处产生叶绿素。他还发现矿山上的蛇纹岩具有磁性，但其感应极性正好与铁磁体相反，而且不发生相互吸引或排斥作用。从现代理论角度来看，蛇纹岩其实是一种强抗磁体。

1796年11月，母亲不幸去世。27岁的洪堡再也不用顾忌家人的担心，终于可以漫游世界了。他分得了一大笔遗产。于是，洪堡迫不及待地卖掉土地和矿产，赶紧恶补天文、地理、测绘等探险必备知识。3个月后，洪堡于1797年2月开始了探险生涯。

探险的第一站本来是埃及，他计划考察尼罗河的源头和火山分布状况。可是，当万事俱备、只待出发时，他突然得知已经有人先去过那里了。原来，拿破仑已带着军队去征服埃及了。战场当然不是考察之地。后来，洪堡又计划去西印度群岛，可一查地图，唉，英法战争爆发，海面被封锁。

于是，他只好从长计议，一边重新制订探险计划，一边进行小规模的热身考察。1797 年春天，洪堡与歌德结伴，在德国境内进行地质、地磁考察和天文观测。同年 7 月 25 日，洪堡前往维也纳参观薛恩布隆植物馆。该馆收藏有西印度群岛的大量植物标本，引发了洪堡对美洲的向往，这才有了他后来长达 5 年的美洲探险活动。10 月 26 日，洪堡在萨尔茨堡测量了那里的纬度，并通过化学分析发现大气中氧气的浓度会随海拔高度的升高而降低。1798 年，洪堡在巴黎与德朗伯尔合作，精确测量了巴黎的经度和子午线长度。长度单位"米"曾基于这次精确测量，经过巴黎的子午线从地球赤道到北极点的距离的千万分之一被作为 1 米。在巴黎期间，洪堡还结识了年仅 25 岁的穷小子波普朗，此人更敢冒险。于是，他们俩一个出钱，一个出胆，共同策划了一部惊天动地的"新大陆考察"惊险大片。

1798 年 10 月 20 日，洪堡和波普朗突然从人间蒸发了。没人知道他们去了哪里，也没人知道他们要去干什么。原来他们翻过了比利牛斯山，经巴塞罗那，于 1799 年 2 月 23 日到达西班牙首都马德里。在此期间，洪堡顺便揭开了一个千古之谜，即西班牙沿海为地中海气候而中部为大陆性气候的真实原因其实在于西班牙海岸低洼，而中部为一个独立的高原。凭借这个发现和流利的西班牙语，洪堡博得了西班牙国王的欢心。后者终于同意为他们签发护照，允许他们前往西班牙在南美洲的殖民地进行考察。作为交换条件，洪堡答应为马德里博物馆收集植物和矿物标本。

1799 年 6 月 5 日是洪堡一生中最重要的一天。这一天，他与波普朗一起登上了"皮察罗号"巡洋舰，正式开赴美洲，启动了长达 5 年的科考探险，并且很快就有了收获。当"皮察罗号"途经加那利群岛时，洪堡考察了高度超过雪线的泰德峰，并在掘开泰德峰的表土后发现玄武岩的表面确有一层斑状页岩和黑曜岩。这终于证明玄武岩是火山的产物。当"皮察罗号"沿当年哥伦布的航线向西行进时，他发现了一条由新大陆流向亚速海的洋流，于是又解开了一个重大谜团，那就是古人不是通过陆路而是乘小船借助洋流实现洲际迁移的。

1799 年 7 月 16 日，"皮察罗号"抵达委内瑞拉的库马纳，这里便成了洪堡他们在南美洲探险的起点。刚上岸，洪堡就发现了一个自然规律：热带植物比寒带植物具有更强的群居性，虽然物种间在强烈争夺有限的空间，但充沛的阳光和肥沃的土地又使它们保持着高度的平衡。紧接着，他们在卡里皮发现了一个洞穴，其中栖息着数百万只油氏鸟。该发现轰动了欧洲，后人纷至沓来，以至 1959 年在纪念洪堡逝世 100 周年时，委内瑞拉政府竟将该洞建成了洪堡国家纪念馆。在库玛马，洪堡又发现这里的岩石与欧洲相似，但处于地震和火山带，海岸犬牙交错，无数小岛像从大陆撕开的碎片，镶嵌在锯齿状的海岸边。洪堡由此推断南美洲是一块年轻的大陆，是火山喷发的产物。通过对火山群的详细考察，洪堡确认地壳下面有大量弹性岩浆，外力迫使岩浆从地壳下喷出，从而形成新的岩层。由此，人类首次对地球的"鸡蛋结构"有了初步了解。哦，原来地下是火热的岩浆。

在随后的 4 年中，洪堡他们还取得了更多重要的科学发现。为了避免烦琐，此处仅简要介绍几个案例。通过对安第斯山脉半年多的考察，洪堡提出了等温线的概念，在同一条等温线上，植物的形态也相同。温度对植物的形态有着重要影响，阳光、地热和有机物相互作用，造就了有机世界的自然景观。在秘鲁近海，洪堡发现了一股寒冷的洋流滚滚向北，这就是所谓的洪堡洋流。在墨西哥为期一年的综合考察中，洪堡在濒临太平洋和墨西哥湾的地方发现了两条狭长的火山带。他由此推断地壳在这里有两条裂口，东、西马德雷山脉就是由这里喷射的岩浆堆积而成的。

　　书说简短。洪堡和波普朗历经 5 年生死，终于结束了美洲探险活动。他们于 1804 年 8 月 1 日回到巴黎，在凯旋门受到了热烈欢迎。按照传统观念，洪堡就是一个典型的"败家子"。在美洲的这短短 5 年时间里，他竟花光了本来几辈子也用不完的家产，而换来的是 6 万多件标本和堆积如山的素材。今后怎么办？这是一个必须严肃考虑的问题，也是区分伟大人物和普通人的试金石。探险伙伴波普朗凭借名气及时找到了一份理想工作，进入了拿破仑的皇家植物园。从此，他吃穿不愁，生活无忧。而 35 岁的洪堡则认为考察才刚刚开始，美洲的实地考察只是收集素材而已，更艰巨的任务还在后头，那就是从收集的素材中整理出若干基本规律，揭示大自然的众多奥秘。于是，在随后的半个多世纪里，洪堡几乎全身心地扑到了资料整理工作中，甚至忘记了娶媳妇。在此期间，他还进行了几次补白式的零星考察。比如，在 60 岁时，他应俄国沙皇的邀请，对亚洲进行了半年多的考察。

　　洪堡的探险成果最终被整理成了一批影响世界的巨著，如《1799—1804 年新大陆热带区域旅行记》（30 卷）、《新西班牙王国地理图集》、《植物地理论文集》、《宇宙》（5 卷）等。毫无疑问，这些巨著使洪堡成为了人类最伟大的科学家之一。洪堡为啥能编写出这么多巨著呢？除了勤奋外，还有另一个重要原因，那就是他具有超强的记忆力，能在多年后回忆起某片树叶的形状、泥土的颜色、温度计的读数、岩石的层积状况等。这使得他能对相隔几十年、相距几千千米的观察结果进行纵向和横向的综合比较。爱默生等科学家对洪堡的印象是：他能同时追踪多条线索，别人需要绞尽脑汁回忆的事情在洪堡那里只需一瞬间；他能记起过往知识与观察中的全部细节。他的眼睛如同望远镜与显微镜一般。

与普通探险家不同的是，洪堡既注重实践观测，也善于创新思维。他总是试图对观察到的自然现象进行综合分析与比较。在考察过程中，他携带的各类仪器竟多达几十种。正是这种严谨的科考态度才成就了他的若干"第一"。比如，他是绘制全球等温线图的第一人，是发现植物分布的水平分异性和垂直分异性的第一人，是用图解法研究洋流的第一人，也是发现温度随海拔升高而降低的第一人。另外，洪堡的科学探险和学术思想还使得千百年来的许多纯经验性结论（特别是地理描述等）进入了科学行列。

与普通旅行家不同的是，洪堡的游记不是简单的游记，而是游记式的科学著作。在整理游记的过程中，洪堡还发现了若干新物种，如洪堡企鹅、洪堡百合、洪堡兰花、洪堡猪鼻臭鼬、洪堡天竺葵等。在中国古人中，最能与洪堡相比的可能要算徐霞客了。但是，坦率地说，如果抛开文学水平不论，那么《徐霞客游记》可形容为"见山只是山，见水只是水"的游记，而洪堡的游记则是"见山不只是山，见水不只是水"的游记。至于其中的玄机嘛，请各位自行品味吧。

1859 年 5 月 6 日下午两点半，享年近 90 岁的洪堡去世了。刚好在这一年，达尔文的《物种起源》正式出版。这也算是对洪堡的一个安慰，毕竟他开创的事业终于后继有人了。

对了，读完洪堡的小传后，请问他为啥有资格进入本书呢？谁叫他有那么多传奇故事呢！其实，主要原因是：他让人类认识了磁，准确地说是认识了地磁或地磁测量的重要性。此外，他还启发另一位物理学家阿拉果发现了一种名为阿拉果盘的电磁感应现象。

第三回
库仑定律放光辉，生不逢时命理亏

对于学过中学物理的读者来说，一提起本回主角库仑之名，几乎无人不知，无人不晓，因为大家都熟悉他发现的库仑定律。该定律可表述为：真空中两个静止点电荷之间的相互作用力正比于它们的电荷量之积，反比于它们的距离之平方，作用力的方向在它们的连线上。该定律既是电学中的首个定量定律，也是电磁学的基本定律，因为它阐明了带电体相互作用的规律，揭示了静电场的性质，为整个电磁学奠定了基础。它还可以说成物理学的基本定律，因为它启发后世学者提出了重要的"物理学简略纲领"，即一切物理现象都可简化为粒子间的相互作用。不但电和磁的运动可看成荷电粒子或荷磁粒子间的作用力所产生的效应，而且天体也可简化为粒子。这种简化有利于物理学的数学化。当然，明眼人不难发现库仑定律确实充分借鉴了万有引力定律的描述方式。由此可见，科学的不同分支确实可以相互启发。

其实，库仑的科学成就绝不止上述电学版库仑定律，另外还有磁学版库仑定律，只需将"电荷"改为"磁荷"就行了。此外，还有工程版库仑定律（细节见后文），为此他又被尊为"土壤力学鼻祖"。总之，库仑的研究领域十分广泛，除了电磁学外，还横跨结构力学、材料力学、摩擦理论、扭力理论等。难怪他被尊为"18世纪欧洲最伟大的工程师之一"和"18世纪最伟大的物理学家之一"，难怪电学中最基本的电量单位要用他的名字命名为"库仑"，难怪国际天文学联合会在1970年将月球背面北部的一座形成于约39亿年前的古老陨石坑命名为"库仑环形山"。

面对如此伟大的科学家，面对仅仅200多年历史长河的冲刷，你也许会以为库仑的生平事迹应该像其他同期同类的科学家那样铺天盖地。但是非常遗憾，实际上留存至今的库仑生平信息几乎为零，只有干巴巴的几句话。这到底是为啥呢？当然不是因为他内向，实际上他为人耿直，开朗活泼；也不是因为他的信息被仇人销毁了，实际上他一直品格高尚，深得身边同事和朋友的肯定；更不是因为他犯了什么罪，虽然他确实差点被定罪，甚至可能像其朋友兼同事、"现代化学之父"拉瓦锡那样被砍头，但实际上他最终还是有惊无险地得到了善终。那么，他的生平被历史遗忘的真正原因到底是什么呢？唉，一言难尽，还是请他自己来说吧。

话说乾隆元年好像是科学界的一个丰收年，因为这一年牛顿在英国伦敦出版了名著《流数术和无穷级数》，欧拉在瑞士圆满地解决了著名的柯尼斯堡七桥问题，在苏格兰的格拉斯哥诞生了蒸汽机的发明者瓦特，在意大利的都灵诞生了著名数学家拉格朗日（此人后来与库仑相似，险些无故沦为死囚）。当然，本回要说的是，在这一年，准确地说是1736年6月14日，在法国昂古莱姆的一个富豪家里诞生了本回主角查利－奥古斯丁·库仑（Charles-Augustin de Coulomb）。书中暗表，其实库仑不知道，自打他从豪门出生的那一刻开始，他就已有"原罪"了。在后来的工作中，他所做的一切都使得他"罪上加罪"，因为那是在维护反动统治。待到他成为国际著名科学家时，"罪状"就更大了，因为那叫"反动学术权威"。待到他年过半百时，彻底清算的日子就来了。若非他脚板擦油跑得快，也许早就身首异处了。不过，此乃后话，这里暂且按下不表。

据说库仑在青少年时期接受过良好的教育，但到底好到何种程度，目前已不得而知。我们只知他早年就读于美西尔工程学校，25 岁毕业后进入法国皇家军事工程队当了一名工程师，从事军事建筑工作。8 年后，库仑转到埃克斯岛等地服兵役，这时他开始利用业余时间研究在工作中遇到的某些工程力学和静力学问题。后来，他因健康原因而被迫离职回家，从此开始全职从事科研工作。在 37 岁时，他一鸣惊人地完成了首篇学术论文《最大最小原理在某些建筑中的静力学应用》，提出了应力和应变分布的计算方法。该方法已成为结构工程学的基础，一直被沿用至今，并被称为"工程版库仑定律"。在这篇文章中，库仑还给出了土壤的主动和被动压力计算法，即如今著名的库仑土壤压力理论。他的这篇文章奠定了土壤力学的基础。

土壤力学专家库仑真正开始接触磁学时，已是人过中年了。在他 41 岁那年，法国最高科研机构——法国科学院遇到了一个超级科研难题，实在没办法时，只好公开张榜，向全社会悬赏征集解决办法。这个难题是如何提高航海罗盘中磁针的灵敏度。工程经验十分丰富的库仑读完榜单后差点没笑喷，他赶紧回家拎起麻袋就冲进法国科学院，要扛回肯定属于自己的奖金。因为他一眼就看破了真相，找到了关键所在。其实，当时罗盘之所以不够灵敏，只是因为它的磁针被架在了一个轴承上，这必然会产生额外的摩擦力，从而降低灵敏度。至于如何解决这个问题，哈哈，一个字就够了，那就是"悬"，悬赏的问题要用"悬"来解决。只见他从麻袋上抽出一根细线，当场将那根磁针轻轻地悬挂起来，灵敏度一下子就大幅度提高了！发榜专家惊得目瞪口呆，连声叫绝。

悬挂磁针尝到甜头后的库仑当然不肯就此罢休，他还想再悬挂一些别的什么东西。到底悬挂啥玩意儿呢？用啥来悬挂呢？经过一番冥思苦想，库仑一拍大腿：对，用银丝居中悬挂木柄的铁质微型哑铃，以此来测定电荷之间的吸引力和排斥力。他的具体做法是：起初居中悬挂的哑铃会保持平衡并静止不动，接着让哑铃上的一个铁球带上足够的电荷，然后手持另一个带同性电荷的物体，从哑铃垂直于银丝的平面切线方向靠近哑铃上的带电铁球。由于同性电荷之间的排斥力，哑铃将开始向远离手持带电物体的方向旋转；但由于银丝的扭力作用（搓过麻绳的读者都能感受到这种扭力的存在），哑铃的旋转角度将受到限制。库仑当时已发现银丝的扭力与其旋转角度成正比，这是他的另一项伟大成就。当排斥力和扭力之间达到平衡时，悬空的哑铃将再次保持静止。此时，记录下银丝的旋转角度 α 以及铁球与手持带电物体之间的距离 d。经过多次测量后，库仑惊讶地发现：α 的大小不多不少刚好与 d 的平方成反比，而 α 又与扭力成正比。换句话说，两个电荷之间的排斥力刚好与它们间的距离的平方成反比。这便是库仑定律的要点之一。至于库仑定律的其他要点，这里就不再细述了。库仑只用了几种最原始的工具，像小孩子过家家一样，就得到了伟大的库仑定律。怎么样？伙计，够神奇吧，现在理解啥叫"小偏方治大病"了吧！

伙计，看过上面的热闹后，枯燥的东西马上就来了。虽然我们知道本段文字枯燥，但仍不想放弃，因为这是后人花费了很多心血才从库仑发表的众多作品中努力挖掘出来的内容，也是至今仅知的有关库仑的履历式生平，实际上更像成果清单。我们怀着复杂的心情将这些内容如实呈现，也算是对库仑的一种真心纪念吧。这至少好过凭空杜撰一些所谓的先进事迹。库仑在41岁领取了法国科学院悬赏的那个大奖后，大受鼓舞，灵感迅速爆棚，科研成就连连井喷。42岁时，他发现了弹性扭转定律，即扭力和指针旋转的角度成正比。以此为基础，他再接再厉，发明了一种能测定扭力大小的扭秤，从而可以高精度地测量微力。紧接着43岁时，他提出了减小摩擦力的润滑剂理论。45岁时，他又发现了摩擦力与压力之间的关系，即著名的摩擦力定律（作用于物体表面的正压力与摩擦力成正比）。他还正确地表述了滚动摩擦定律和滑动摩擦定律，并证明了摩擦系数和物体的材料有关。46岁时，他以军人身份当选为法国科学院院士。特别是49岁那年，他总结出了著名的静电学库仑定律。52岁时，他又将它推广为磁学版库仑定律。在这10年中，库仑就这样一路高歌，在科研道路上硕果累累，大有"春风得意马蹄疾，一日看尽长安花"之势。

但库仑高兴得太早了，因为噩运马上就会在他的事业达到巅峰的53岁那年突然从天而降。这一年，他终于出版了自己的代表作——七卷本巨著《电气与磁性》，将人类对电的认识发展到磁学理论的高度，统一归纳了电荷与磁极的相互作用，丰富了电学与磁学的计量方法，将牛顿力学原理扩展到了电学与磁学，为电磁学的随后发展找到了突破口。但是，也是在这一年（1789年），法国大革命爆发了。这对法国的科学和科学家特别是著名科学家来说意味着什么呢？还是让事实来说话吧。1793年8月8日，革命委员会决定对法国科学院实行专政，把拉瓦锡、拉普拉斯、拉格朗日和库仑等著名科学家赶出科学院。同年9月，革命政府决定逮捕包括拉格朗日在内的所有"在敌国出生的人"。后经拉瓦锡死命保护，拉格朗日才算暂时逃过这一劫。可惜"不识时务"的拉瓦锡自己却在1794年5月8日被革命者送上了断头台。当时，革命法庭的长官考费那尔无比自豪地宣称："共和国不需要学者，只需为国家而采取正义行动！"刚与死神擦肩而过的拉格朗日痛心疾首地说道："他们一眨眼就把拉瓦锡的头砍了下来，但像他那样的头脑一百年也找不出一个！"

也不知依靠何种神通，"罪大恶极"的库仑竟然成功地逃脱了。在舍弃了巴黎的所有财产，放弃了一切既得名利后，他突然像电荷放电一样，从人间消失了。在这一时期，革命队伍中的各个派别便玩起了走马灯游戏。先是在君主立宪派的主导下，1789年8月26日通过《人权宣言》，于1790年6月废除前朝贵族的所有头衔，没收教会财产。接着，革命队伍发生分裂，自1791年7月16日后，雅各宾派开始唱主角，在1792年8月10日拘禁了国王、王后，并推翻了昔日战友立宪派的统治。可哪知第三方的吉伦特派渔翁得利，掌握了政权，还于1793年1月21日将法国皇帝路易十六送上了断头台。可是，不足半年后的1793年6月2日，吉伦特派的统治就又被昔日战友雅各宾派推翻，后者开始实行全面专政，在处决了大批商人的同时，也斩首了昔日战友吉伦特派的众多领袖。1794年3月雅各宾派再起内讧，分裂出"热月党"，后者于1794年7月27日推翻了雅各宾派，并将其首领斩首示众。1799年11月9日，拿破仑建立了临时政府，开始为科学家平反。

销声匿迹10多年后，库仑总算又被拿破仑隆重地请出了山。1806年8月23日，库仑病逝于巴黎，享年70岁。

安息吧，库仑。历史虽能磨灭你的生平，但永远也磨灭不了你的成就！

第四回

拉普拉斯虽大神，俗世表现似小人

提起拉普拉斯这个名字，虽不敢说如雷贯耳，但在大学里几乎无人不知，无人不晓。以他的名字命名的定律和名词术语简直数不胜数，比如拉普拉斯展开、拉普拉斯变换、拉普拉斯定理、拉普拉斯方程、拉普拉斯函数、拉普拉斯积分、拉普拉斯分布、拉普拉斯向量等。另外，他对静电现象给出了较早的数学描述，这也是本书为他写小传的原因。但是，如果你以为自己很了解他的话，那么你就错了。他身上的许多谜团都被过去的许多图书有意或无意回避了。我们始终认为，科学家也是人，对其伟大贡献当然要歌颂，但对其人性弱点也不该隐瞒。本回将通过客观事实还原一个尽量真实的拉普拉斯。

拉普拉斯的身世是第一个谜。关于他的父亲到底是农场主、普通农民、小公务员或贩卖果酒的小商贩，至今都无可考证。拉普拉斯也从未谈及此话题。总之，他的父亲肯定不是贵族和富豪，否则他就会像同事拉瓦锡一样，在法国大革命期间难逃断头厄运。不过，有些信息还是可以确定的。1749 年 3 月 23 日，他生于法国的卡尔瓦多斯，全名为皮埃尔 - 西蒙·拉普拉斯（Pierre-Simon Laplace）。他还有一个比他年长 4 岁的姐姐，他的家人都是默默无闻的小人物。他的一个叔父是一位业余数学家，好不容易才混上个候任神父，结果却在拉普拉斯 10 岁那年英年早逝了。

　　早在乡村上小学时，拉普拉斯就已显示出了自己的非凡才能。他的记忆力很好，数学成绩出众，还特别善于辩论。16 岁时，他从中学毕业。17 岁时，他考入卡昂大学艺术系，后转入神学系。这是因为他的爸爸希望儿子毕业后能成为教士。大二时，18 岁的他擅自辍学，怀揣一封压根儿就无用的推荐信，单枪匹马闯进了当时已非常著名的数学家、物理学家、巴黎科学院院士达朗贝尔的办公室，声称要到巴黎来征服数学界。达朗贝尔拿出了一道早已准备好的难题，单等他知难而退。可是次日一早，拉普拉斯竟送来了这道难题的答案。达朗贝尔怀疑他的背后有"枪手"，于是当场再出一题。结果，这道难题又被来者轻松破解！"娃娃，你的真本事才是最好的推荐信嘛。"达朗贝尔又惊又喜，打量着眼前的这个年轻人。达朗贝尔成了拉普拉斯的第一位贵人，主动提出收拉普拉斯为自己的教子，还极力推荐他到巴黎科学院工作。

　　面对这位"嘴上无毛"的本科辍学的学生，巴黎科学院当然理直气壮地拒绝了。于是，达朗贝尔又推荐拉普拉斯前往巴黎军事学校并在那里讲授基础数学课程。21 岁生日后的第 5 天，即 1770 年 3 月 28 日，拉普拉斯完成了第一篇数学论文《曲线的极大和极小研究》，改进了著名数学家拉格朗日的有关结论。此后 3 年内，他一口气完成了 13 篇论文，广泛涉及当时数学和天文学的最新进展，包括极值问题、差分方程、循环级数、机会对策、微分方程奇异解、行星轨道倾角变化、月球运动理论、卫星对行星运动的摄动、行星运动理论等。当这些论文被提交给巴黎科学院后，拉普拉斯终于以自己的实力敲开了科学神殿的大门。1773 年 3 月，巴黎科学院破格聘他为当时最年轻的副研究员。从此，拉普拉斯正式开始了走向"科学大神"的四阶段人生。

阶段一：24 ～ 29 岁的青年期。此时，精力旺盛的他对积分学、天文学、宇宙学、概率论、力学和因果律等诸多方面都有所研究，初露锋芒，形成了自己的风格，引起了学术界的重视。在此期间，他还与拉瓦锡合作过一段时间，共同测定了许多物质的比热容，也为能量守恒定律的成熟做了一些前期工作。

阶段二：29 ～ 40 岁的中年期。这也是他的鼎盛期，出现了多项重大成果，比如著名的拉普拉斯方程就是在此时完成的。1783 年，34 岁的拉普拉斯被任命为军事考试委员会委员。这导致了两年后刚刚晋升为院士的他遇到了自己的第二个贵人。当时，这个贵人还只是皇家炮兵学校的一名年仅 16 岁的少年考生，但 14 年后该考生通过"雾月革命"成了法兰西政权的最高执政官。对，他就是举世无双的拿破仑。在这一阶段，拉普拉斯还完成了一件人生大事。39 岁那年，他娶回了 19 岁的美女夏洛特。婚后，二人育有一子一女，儿子后来还当了将军呢。

阶段三：40 ～ 56 岁的壮年期。这一时期正值法国大革命，社会动荡不安，他也被卷入了政治旋涡。此时，他主要从事科学组织和教育工作，也悄悄做了一些科研，更主要的是总结前期的成果。尽管他已相当低调，但他还是在 1793 年巴黎科学院被解散时，与拉瓦锡等人一起惨遭清洗。万幸的是，那时他刚好被派到外地计算大炮弹道，同时指导火药的制造。他趁机带着全家人逃离了巴黎。一年后，法国大革命失败。不过，由于巴黎科学院已被解散，回来后的拉普拉斯只好于1795年在巴黎综合工科学校谋了一个教授职位。后来，他又转任高等师范学校教授。1796年，他被任命为法国科学院院长。他昔日的考生拿破仑竟然当了皇帝，拿破仑对他既感恩（因为当年拉普拉斯录用了自己）又尊敬（因为拿破仑对科学家向来就很重视）。1799年，拿破仑任命拉普拉斯为内政部长，负责处理经济和警务以外的所有国内事务。可惜，拉普拉斯确实对不起这第二个贵人，更对不起被赋予的崇高地位和巨大权力。他将行政工作搞得一塌糊涂，以至仅仅6周后，拿破仑便不得不将他请下"神坛"，换了一个上议院议员的"神龛"，重新将他供起来。1803年，拿破仑又推选他为议长，并享受10万法郎的最高年薪。

阶段四：56岁以后的晚年时期。此时，他仍坚持科研，并对前期的工作进行整理，主要成果有拉普拉斯变换等。57岁时，他成为元老议员，并被拿破仑封为伯爵。64岁时，他又被拿破仑授予留尼汪勋章。同年，拿破仑兵败，被迫下台，路易十八重登王位。奇怪的是，拉普拉斯作为前朝宠臣不但未被追究，反而官运亨通，甚至当年就被新皇帝晋升为侯爵，4年后更被任命为法兰西学院院长。于是，本不擅长行政事务的拉普拉斯便被贴上了"两面派"的标签，并被公认为"科学上的大师，政治上的小人，总是效忠于得势者，总是见风使舵"。他遭到了当时人们的鄙视，甚至被流放的拿破仑也讥笑他说："拉普拉斯是一流的数学家，但事实表明，他不过是一个庸官而已，只乐于把无穷小量的精神带入内阁。"客观地说，世人还真没冤枉拉普拉斯。在法国大革命期间，他随波逐流，在共和派与保皇派之间如鱼得水，是典型的机会主义者。他非常机敏，无论哪方上台，他都主动逢迎，且备受宠信。每逢政局巨变，他都能得到更大的富贵。从纯学术角度看，晚年的拉普拉斯已拥有广泛的国际声誉。他是英国皇家学会会员，还是俄国、丹麦、瑞士、普鲁士、意大利等国的科学院院士。总之，他是当之无愧的"科学大神"。

从科学研究的严谨性角度看，拉普拉斯还有一个毛病，那就是他在著作中常常忽略别人的论述与功绩，让读者觉得其著作中的思想似乎完全出自他本人。他的这种做法使其品行受到严重非议。不过，除了上述人生污点之外，拉普拉斯也有许多可爱之处。比如，他在年轻时曾受益于达朗贝尔的帮助，所以，功成名就后，他对年轻学者也厚爱有加。据不完全统计，化学家盖吕萨克以及数学家和物理学家泊松、柯西等著名人物在年轻时都曾受到过拉普拉斯的多方帮助。当旅行家和博物学家洪堡到法国考察水成岩的分布时，拉普拉斯给予了慷慨资助。当他发现某位青年学者的成果与自己未发表的成果类同时，他不但会主动让出论文的发表权，还会帮助该青年学者把论文修改得更好。他不想打击青年人的科研热情，更不想影响他们的前程。其实，这样的学者在科学界并不多见。所以，对很多年轻人来说，拉普拉斯也是深受尊敬的老前辈。

好了，说过凡人拉普拉斯后，就该说说"神仙"拉普拉斯了。在科学领域里，拉普拉斯之所以能号称"齐天大圣"，那是因为他有三大成就。

第一大成就是《宇宙系统论》。它有多牛呢？这样说吧，它能将上帝赶出宇宙！长期以来，科学家们一直想搞清楚太阳系是如何形成的，地球为何要绕太阳转，木星轨道为何在不断收缩，而土星轨道又为何在膨胀，但始终没有结果，就连牛顿也被难住了。于是，牛顿只好求助神学，把运动的最终原因归结为"上帝的第一推动力"。但拉普拉斯不信这个邪，他充分发挥自己的数学才能，用近似方法证明了行星轨道的大小会发生周期性变化，得到了著名的拉普拉斯定理，成功地把牛顿的万有引力定律应用于整个太阳系。接着，他又求得了一个特殊的势函数以及它所满足的偏微分方程（即著名的拉普拉斯方程），给出了天体对任意质点的引力分量。最后，他完成了《宇宙系统论》，提出了第一个科学的太阳系起源理论，即拉普拉斯星云说。书中暗表，也许有读者质疑，为啥敢说拉普拉斯是"第一个"呢？此前 50 年，康德不是也提出过类似的假说吗？问得好！康德的星云说是从哲学角度提出的，故那时并不被认可，因为它显得太空泛；而拉普拉斯的星云说则从数学、力学角度给出了严格的论证，所以被广泛承认。因此，后人也常把他们的星云说合称为"康德－拉普拉斯星云说"。

拉普拉斯星云说认为，太阳系是由曾经灼热的气体星云冷却收缩而成的。原始的灼热星云呈球状，缓慢自转，其直径比今天的太阳系大得多。后来，星云由于冷却而收缩，其自转速度逐渐变快。同时，赤道附近的离心力最大，故星云逐渐变扁。一旦赤道边缘的离心力大于星云对它的吸引力，那么赤道边缘的气体物质便被分离出来，形成一个旋转气环。星云继续冷却收缩，上述过程重复发生，于是又形成了另一个旋转气环，最终形成了与行星数量相等的气环，即所谓的拉普拉斯环。星云的中心部分最后形成太阳，各环在绕太阳旋转的过程中逐渐聚集形成行星。行星也同样发生上述作用，形成卫星。土星、木星、天王星和海王星的光环可能就是由尚未聚集成卫星的物质构成的。

拉普拉斯星云假说彻底改变了人们的宇宙观，引起了社会各界的严重关切。拿破仑读过《宇宙系统论》后询问拉普拉斯，他研究上帝的创造物时，为啥不提上帝呢？拉普拉斯自豪地说："陛下，我不需要那个假设！"拿破仑心情复杂地喃喃道："多好的一个假设，它能轻松解释许多难题！"于是，拉普拉斯就成了"将上帝赶出宇宙的人"，因为在他的理论体系中，确实再也不需要"上帝的第一推动力"了。

拉普拉斯的第二大成就是《天体力学》。它又有多牛呢？这样说吧，它提出了著名的拉普拉斯妖！那么这个妖又有多牛呢？这样说吧，它是物理学中的四大神兽之一，另外三只神兽分别是麦克斯韦妖、芝诺的乌龟和薛定谔的猫。若拉普拉斯妖摇身一变化作算命先生的话，那么他的本领绝不仅仅是"上知五百年，下知五百年"，而是"上知 N 年，下知 N 年，N 可以是无穷大"！

在低速宏观世界里或在牛顿体系内，我们可把宇宙现在的状态视为其过去的果以及未来的因。如果一个智者（即拉普拉斯妖）能知道某一时刻所有自然运动的力和所有自然构成的物体的位置，而且假设他能对这些数据进行足够的数学分析，那么在宇宙里，从最大的物体（如星球）到最小的粒子的运动都会被包含在一个简单的数学公式中。所以，对于该智者来说，一切都是确定的，没有事物是含糊的，而未来只会像过去那样出现在他的面前。换句话说，这个拉普拉斯妖能知道每个原子的确切位置和动量，能用牛顿定律来展现宇宙事件的整个过程，包括过去、现在及未来。所以，拉普拉斯的理论也被称为"决定论"。书中暗表，此处我们特意强调了"在牛顿体系内"，否则，拉普拉斯妖变成的那个算命先生将是真瞎子，而非"半仙"。在近代量子力学的范畴内，此妖将成为一个傻瓜。在预测粒子中电子的位置时，若只考虑牛顿力学，那么计算某气态分子在与其他分子碰撞 50 次（0.1 纳秒以内）后的位置也是无效的。在物理学的不可逆过程中，此妖也会死掉。

拉普拉斯的《天体力学》是在总结前人成果的基础上，经过他长达 26 年的潜心研究而完成的 5 卷 16 册巨著。它首次提出了"天体力学"这一名词，是经典天体力学领域的代表作，它对太阳系引起的力学问题给出了完全的解答，对太阳系的普遍稳定性问题给出了圆满的解释，对天体运动给出了严格的数学描述，讨论了木星的四颗卫星的运动及三体问题的特殊解，也对位势理论给出了数学刻画。它对后来的电磁学、引力论、流体力学及原子物理等都产生了极为深远的影响。因此，拉普拉斯也被誉为"法国的牛顿"和"天体力学之父"。书中暗表，几千年来，经拉普拉斯和托勒密、开普勒、牛顿、爱因斯坦等众多科学家的努力，如今天体力学已发展成为天文学的一个重要分支。它主要以数学为手段，以牛顿的万有引力和爱因斯坦的相对论为依据，研究天体的平衡状态及运动规律。在拉普拉斯之后，天体力学研究又取得了众多突破性成就。1846 年，利用天体力学，人们发现了海王星。至于人造卫星轨道的计算、星际航行、月球火箭的发射以及各种行星际探测等，就更离不开天体力学了。

此外，对科幻小说《三体》感兴趣的读者朋友们，请注意，这部小说中所谓的三体问题来自天体力学长期关注的问题——多体问题（又叫 N 体问题）。它旨在研究 N 个质点在万有引力作用下的运动轨迹。当 $N=2$ 时，它已得到完全解决。当 $N=3$ 时，这就是三体问题，多年来研究进展甚慢，至今仍未解决。全球科学家们正挖空心思想办法呢。伙计，但愿你是最终解决三体问题的科学家哟！

拉普拉斯的第三大成就是《概率分析理论》。它有多牛呢？这样说吧，若非数学界的专家，一般人压根儿就看不懂，只知道它奠定了近代统计学的基础。它总结了前人在概率论方面的成就，论述了概率在选举、审判、调查、天气预报等方面的应用，比如将买彩票等随机问题转化成了可计算的数学问题。

1827 年是一个多事之年，国际上众多伟大的科学家纷纷去世，比如电池的发明者伏特、作曲家贝多芬、诗人布莱克等。在文学界，普希金写成《致西伯利亚的囚徒》，雨果写出名剧《克伦威尔》，爱伦的诗集《帖木儿及其他诗》出版。在科学界，德国化学家维勒制得了铝，英国植物学家布朗发现了布朗运动。当然，正如你所料，这一年还发生了本回的终结性事件。1827 年 3 月 5 日，拉普拉斯以 77 岁的高龄在巴黎逝世。他留下遗言："我知道的不多，我不知道的却是无限的。"

单凭这句谦卑的遗言，我们也该永远记住拉普拉斯这位伟大的科学家！

第五回

蛙腿颤揭示电流，伽伐尼误解缘由

本回的主角伽伐尼其实是一位大夫，而且是现代妇产科的先驱。另外，他也是一位哲学家。他取得的伟大成就基于他所犯下的一个美丽错误。这个错误惊醒了一大批物理学家，使大家意识到除了过去已知的不会流动的静电外，原来还有可以流动的电流，电可以从一个地方传到另一个地方，从而产生电流（当然是直流电）。这个错误也启发物理学家伏特（对，就是那位用电压单位"伏特"来纪念的科学家）提出了电压的概念并发明了被称为"伏特电堆"的蓄电池，让人类首次获得了源源不断的人工电流，更为包括电信在内的电学研究开辟了道路。此外，这个错误还催生了一个新的生理学分支——电生理学。它主要探索神经系统的电信号和电模式，特别是生物体对电的各种反应以及生物体本身的电现象，比如通过记录神经兴奋所产生的动作电位来研究神经系统的机能，借助电子管和晶体管等放大技术来研究细胞内的电极状况。从电信的角度看，伽伐尼在产生那个美丽错误的解剖学实验中，无意间发出了人类的首个电信号，虽然"信道"只是青蛙的神经系统。从移动通信的角度看，伽伐尼启发伏特发明了电池，电池经演化改良后已成为手机上最不可少的核心部件之一。电池是移动通信更新换代的关键，还是用户最关注的对象，毕竟大家经常得给手机充电。

为了纪念那个美丽的错误，学术界以伽伐尼的名字命名了许多专业术语，如伽伐尼电池、伽伐尼电势、伽伐尼电偶腐蚀、伽伐尼检流计等。人们还将钢铁等的镀锌过程称为"伽伐尼化"。月球上也有一个名为"伽伐尼环形山"的陨石坑。意大利的最高化学奖之一为伽伐尼奖章，在博洛尼亚还有伽伐尼广场和伽伐尼雕像。1860 年，意大利创办了伽伐尼中学。那么，伽伐尼的那个美丽错误到底是啥呢？他是如何犯错的呢？下面请出伽伐尼，让他自己来回答吧。

乾隆二年，准确地说是 1737 年 9 月 9 日，意大利博洛尼亚的一个金匠的第四任妻子顺利地产下了一个大胖小子，他的名字叫路易吉·阿洛伊西奥·伽伐尼（Luigi Aloisio Galvani）。这小子从小就对宗教很着迷，15 岁时自作主张进入了一所宗教学校，还迫不及待地想宣誓入教。他的父母赶紧想方设法加以阻拦。在 18 岁那年，伽伐尼被匆匆送入博洛尼亚大学艺术学院，他的父母希望用艺术之美去转移儿子对宗教的痴迷。可进入大学后，伽伐尼并未遵从父母之命，他一转身就溜进了医药学专业的教室，选修了众多医药学课程。四年后，他获得了医学学士学位，然后留校开设医学讲座。再过了三年，1761 年 7 月 21 日，24 岁的伽伐尼完成了题为《骨质的形成与发展》的博士学位论文，获得医学博士学位，此后开始从医。在整个大学期间，他还学习了许多其他专业课程，特别是外科方面。他系统掌握了外科理论，亲手做了不少外科解剖实验，深入了解了包括青蛙在内的众多动物的身体结构。这在很大程度上帮助他后来歪打正着地发现了生物电。

在大学期间，伽伐尼娶回了一位美丽的姑娘，她就是自己导师的宝贝闺女。婚后，女婿娃高高兴兴地"倒插门"搬入了岳父家里。他一边享受着岳母的高超厨艺，一边担任岳父的科研助手，在自己的事业上阔步前进。25岁时，他成为博洛尼亚大学的终身解剖学研究助理，并被任命为外科名誉讲师。29岁时，他担任该大学解剖陈列室的负责人。31岁时，他成为正式讲师。在他38岁时，岳父意外去世，他接替岳父的职位，被任命为博洛尼亚大学教授，并在同年开始讲授解剖学课程。

39岁时，伽伐尼进入博洛尼亚科学院，继续从事包括人体解剖在内的解剖学教学和研究工作。那时，他的科研环境非常宽松，既无须坐班，也不用承担具体任务，只需每年发表一篇学术论文或提交一份科研备忘录就行。这种状况一直持续到他去世前。刚开始时，伽伐尼的研究兴趣主要聚焦在"鸟类、四足动物和人类的听觉"等当时的热门课题上。但他后来不得不挥泪告别这些研究课题，因为他陷入了一场旷日持久的著作权纠纷。据说，他在公开讲座上发布自己的新成果后，竟被他人抢先发表在学术期刊上，以致他自己后来投稿时反而被误认为是"剽窃者"。于是，伽伐尼转向了当时的一个冷门的新领域——医用电学，研究电（当然是摩擦产生的静电）对人体的影响。书中暗表，其实早在古罗马时期，欧洲医生就开始使用电击疗法，比如让痛风或头疼患者触摸电鳐，以强力的电击来缓解病痛，但电鳐电力的强度无法控制。

而正是在医用电学研究中，伽伐尼歪打正着地发现了一个惊人现象。大约在 43 岁（另一说是在 49 岁）那年的某一天，伽伐尼像往常一样用静电发电机对剥完皮的死青蛙进行电击实验。这时，助手在无意中用解剖刀碰到了裸露的蛙腿神经末端。突然，"啪"的一声，火花飞溅，死青蛙像诈尸一样出现剧烈痉挛，甚至猛踢。对普通人来说，这一瞬间异象也许会被忽略。一方面，在静电发电机旁工作时，静电难免聚集在周围的物件上，因此静电意外放电时自然就会产生火花和响声。比如，北方冬天人们穿着羽绒服握手时，双方就常被突然的静电放电现象所惊吓。另一方面，死青蛙的腿突然跳动也不足为奇，刚刚暴死的动物偶尔会出现抽搐现象。此外，即使有人注意到这种现象也不会刻意深究。实际上，早在伽伐尼观察到该现象前 30 年，瑞士学者苏尔泽就在 1750 年谈到过类似的发现。当时，苏尔泽使弯曲的银片和铅片的一端互相接触，然后用舌头接触另一端，于是就产生了麻木感并伴有酸味。但若改用两个弯曲的银片或铅片，则不会出现这种现象。苏尔泽还发现，若将一个盛满水的锡杯放在银台上，当只用舌头接触杯中的水时并无酸味；但若再赤手接触银台，舌尖的酸味就出现了。从今天的角度来看，当手接触银台、舌头接触水时，实际上就已构成了电流回路，且银和锡之间产生电势差，从而形成电流。非常可惜的是，苏尔泽没能对此进行深入研究，将该现象错误地解释为"可能是银和锡接触时，金属中的微小粒子发生振动，从而引起舌尖神经兴奋，产生酸味感觉"。这样，苏尔泽与一项重大发现擦肩而过。这也再次证明机遇只属于那些有准备的头脑。

伽伐尼在面对青蛙蹬腿的现象时，他是如何对待的呢？从时间上看，他进行了长达 11 年的全面系统而又深入的研究；从研究内容上看，他设计了一系列巧妙的实验，试图刨根问底，揭示其中的奥秘。他进一步发现，在静电发电机尚未发电时，即使用手术刀反复接触青蛙的神经，也不会出现抽搐现象，更不会出现电火花。而一旦静电发电机启动，用金属柄手术刀触碰青蛙的神经时，这种现象便会再次发生。这说明青蛙抽搐可能与静电发电机有关，虽然它们并未直接相连。但诡异的是，静电发电机启动后，若用木柄手术刀去触碰青蛙，它将毫无反应，因此，青蛙抽搐与静电发电机的关系并不是那么简单，肯定还有更深层次的原因。从今天的角度来看，青蛙抽搐其实只与静电有关，因为手握木柄时，静电便无法通过人体聚集到刀尖上；但手握金属柄时，静电便通过人体聚集到刀尖上，当刀尖碰到青蛙的神经时，便会放电，同时引发电火花和神经性抽搐。实际上，只要电力足够强，任何神经触电后机体都会发生抽搐。这也是人触电时会浑身颤抖的原因。

接下来，伽伐尼还发现了若干更奇怪的现象。比如，若用铁钩挂起青蛙，再用连接该铁钩的铜丝去触碰青蛙的神经，青蛙腿也会抽搐。无论是在室内或室外，晴天或雨天，静电发电机启动或停止，都会出现这种现象。这说明蛙腿抽搐可能与静电发电机和雷电等无关。若将青蛙放在铁板上，再用与铁板相连的铜丝去触碰青蛙的神经，青蛙腿仍会抽搐，即使是在封闭的房间里也是如此，看来抽搐可能与铁和铜有关。伽伐尼很快又发现，用其他不同的金属替代铁和铜时，抽搐照样会发生，只是强度不同而已。但是，用玻璃、橡胶、松香、石头和木头等代替金属时，就不会发生抽搐现象。

经反复思考，伽伐尼终于在 54 岁那年，将自己多年的研究成果整理成一篇著名的论文《论在肌肉运动中的电力》，提出了一个看似合理的猜测：

"在动物体内，积蓄着某种在一定条件下会被激发出来的电，称之为动物电。当它形成回路时，就能使青蛙的肌肉收缩。"坦率地说，用该猜测去验证伽伐尼的所有实验，都将天衣无缝。所以，此文一经发表便引起全社会的轰动和震惊。它让生物学家们认识到，哦，原来肌肉运动的动力来自电，而不是以前认为的空气或流体。于是，一个新的生物学分支——电生理学由此诞生。伽伐尼的实验还让宗教界和思想界非常恐慌，因为他们担心持续而巧妙的电击可能会使死人复活。实际上，对眼部神经进行适当电击，确实能让死人的眼皮跳动，甚至睁眼。

当众人都坚信伽伐尼的猜测时，他的一位朋友和同事、物理学家伏特认真重复了他的所有实验，然后提出了异议，指出伽伐尼其实犯了一个美丽的错误。首先，伏特只用了一个简单的新实验就否定了"动物电"的存在。若将伽伐尼实验中的两种不同金属替换为同一种金属，青蛙腿就不会抽搐，这显然与伽伐尼的猜测矛盾。接着，伏特提出了另一套完全不同的、从今天来看仍然正确的理论。他认为引发抽搐的电流来自两种不同的金属体所产生的电势差，而手术刀之所以能使青蛙腿抽搐并产生火花是因为摩擦产生的静电在刀尖上突然释放。更重要的是，在伽伐尼实验的启发下，伏特终于造出了人类历史上首个蓄电池，称之为伏特电堆。它其实就是一个大型的、化学性质与青蛙机体相似的"人造青蛙"，当两种金属被插入其中时，便会形成电势不同的两个电极。于是，只要形成回路，便会产生电流。伏特十分尊重伽伐尼，他甚至将自己的伏特电堆所产生的电流命名为伽伐尼电流，这就是今天所说的直流电。伏特还称赞伽伐尼的发现是"物理和化学史上具有划时代意义的发现"。

由于妻子早逝，55 岁以后，伽伐尼的健康状况迅速恶化，他几乎处于与世隔绝的状态。更糟糕的是，在他晚年时，他的祖国被拿破仑的军队占领，后者还于1797年建立了一个傀儡政权，强迫意大利的所有教授向新政权宣誓效忠。伽伐尼断然拒绝了这种无理要求，结果被傀儡政权剥夺了一切学术职位和经济来源。可怜的伽伐尼在苦闷与贫病的双重打击下，于1798年12月4日在位于博洛尼亚的兄弟家中悲惨去世，享年61岁。

第六回

伏特发明蓄电池，乱世潇洒封爵士

1745 年 2 月 18 日，在意大利科莫市的一个富裕的宗教世家诞生了本回主角亚历山德罗·朱塞佩·安东尼奥·阿纳斯塔西奥·伏特（Alessandro Giuseppe Antonio Anastasio Volta）。伏特真的很"特别"。他从小就"特别"，终生都"特别"，各个方面都"特别"。

你看，在宗教信仰方面，他很"特别"。作为富豪的父亲和贵族出身的母亲都是虔诚的基督徒，哥哥是著名的副主教，三位叔伯是全职的圣职人员，堂表兄弟姐妹中的一大半也都早早加入了教会，人人都对宗教表现出虔诚的信仰。他身边的朋友要么是教堂牧师，要么是宗教信徒。他的早期教育也是在宗教学校里完成的，他在那里接受了良好的语言学和文学教育。他后来经常用法文、意大利文和拉丁文写诗歌。可是，在如此浓厚的宗教氛围中长大的伏特愣是特立独行，"近朱却不赤，近墨也不黑"，好像天生就对宗教拥有免疫力，竟然只热衷于世俗生活。

在科研方面，伏特就更"特别"了。不过，此乃后话，这里暂且按下不表。

至于伏特接受高等教育的情况，目前无史料可查，至少没有证据显示他曾接受过正规的高等教育。难怪他的数学水平不高，这也成了他后来科研生涯的致命短板，否则他可能取得更多更大的量化成果。不过，他的自学能力和动手能力都很强。他对电学特别着迷，早在青少年时期就阅读了许多电学著作，也做了不少电学实验，甚至还在家里自建了小型电学实验室，其中许多仪器都是他从朋友那里"搜刮"来的。他有很多朋友，社交能力也很强。早在 16 岁时，他就开始与当时国际上的许多著名电学家保持书信往来，不断大胆地向"大牛"们请教。一位名叫贝卡里亚的权威对伏特的一生产生了重要影响。他劝告伏特少管空洞理论，多做实在实验。大约在 19 岁那年，伏特取得了一项自鸣得意的化学研究成果。伏特被外界认可的第一项科研成果出现在他 24 岁那年。这一年，他发表了自己的处女作，初步论述了电压、电容和电量之间的关系，差点就发现了今人熟知的那个电量等于电容乘以电压的著名公式，只可惜他的数学功底确实稍逊风骚。

30 岁是伏特事业的起步之年，也是丰收之年。这一年，他被科莫皇家学校聘为物理学教授，同时被苏黎世物理学会选为会员，从而成为国际知名专家。这一年，他发明了一种名叫起电盘的静电发电机。这其实就是一个带有绝缘手柄的树脂圆盘。当手柄转动时，树脂就因摩擦产生静电。而这些静电又被金属导板巧妙地引入一种名叫莱顿瓶的原始电容器中，从而达到"发电"效果。同样是在这一年，他还发明了一种静电计，能定量测出莱顿瓶中的电量和电势，这便是今天电流计的前身。除电学成果外，这一年伏特从沼泽气泡中发现了沼气及其可燃性，接着就发明了一种名叫气体燃化仪的设备，它可用电火花点燃密闭容器内的气体。

成果迭出的伏特在 32 岁那年首次跨出国门，自费到瑞士游学。当时，他既想拜师学艺，给自己"充电"；也想"放电"，宣传自己的成果。在此期间，他有幸见到了著名的法国启蒙思想家、文学家和哲学家伏尔泰。可惜，当时伏尔泰已 83 岁，在数月后就去世了。此外，他还拜访了许多前沿物理学家，大开眼界。回国后，他很快就在 34 岁那年被意大利最富饶的伦巴第地区最著名的大学帕维亚大学聘为物理学教授。此后，伏特在这里干到退休，取得了自己的具有划时代意义的成果，发明了伏特电堆，即人类历史上的首个蓄电池。

46 岁时，伏特读到了朋友伽伐尼刚发表的一篇轰动性论文，它提出了一种新奇的"动物电"理论，猜测青蛙体内存在"动物电"，这种电可在两种不同金属相连时得以释放。起初，伏特对伽伐尼的理论坚信不疑，也很感兴趣，不惜花费一年多时间仔细重复了伽伐尼的所有实验，未发现任何问题。后来，伏特设计了一个新实验，否定了关于"动物电"的猜测。只需将伽伐尼实验中的两种金属替换成同一种金属，预期中的现象（青蛙抽搐）就不会再出现了。换句话说，青蛙体内并未存储"动物电"。

伏特显然没打算就此罢休，而是下定决心要找出真相。为啥将两种金属接入蛙体并形成回路后就会产生电流并使青蛙抽搐？这当然绝非易事，他为此耗费了近 10 年的时间，相关过程非常艰辛。否定了"动物电"理论后，深感"心有余而力不足"的伏特再次自费出国，从 47 岁起遍访全球名师，希望取回"真经"。这一次，伏特真的不惜血本。从游学地点看，他不但横扫了邻国瑞士的各主要相关机构，还长期在德国、荷兰、法国和英国等国家之间来回穿梭。从拜访的"大神"名单上看，他请教了当时的所有著名同行，更与法国著名天文学家、数学家和天体力学集大成者拉普拉斯进行了深入交流，也许是想借机提高自己的数学水平吧。他还与著名的法国贵族化学家、生物学家、"化学之父"拉瓦锡一起做了许多重要实验，共同探讨青蛙抽搐的奥秘。可惜，仅仅两年后，拉瓦锡就在法国大革命中被疯狂的革命者砍下了高贵的头颅，留下了化学史上最大的遗憾。书中暗表，如此谦虚的伏特此时可不是小人物哟。从学术地位上看，他不但是法国科学院通讯院士，还是英国皇家学会外籍会员，更获得了英国皇家学会的最高奖"科普利奖章"。从社会地位上看，他早就被本国列入了"重点保护人员名单"。为了探求科学奥秘，伏特放下一切架子，四处虚心求教。

当时伏特的研究工作不但面临学术困难，而且面临社会动荡的严重干扰。他生活在一个极度混乱的时代，法国正在闹革命，城头不断变换大王旗。在伏特 48 岁那年，法国国王路易十六被处死。英国正在积极组织反法同盟，试图扑灭大革命的熊熊烈火。就在伏特 52 岁那年，他自己的祖国也被拿破仑的军队占领。总之，那时的欧洲早已容不下一张做科研的桌子了。伏特从来不关心世间纠纷，对政治更无半点兴趣，只是埋头做研究。1800年 3 月 20 日，伏特宣布了自己的神奇发明，即今天被称为伏特电堆的蓄电池。从此，人类总算能获得源源不断的电流了，总算正式跨入了电气时代的大门，总算可以进行系统的电学研究了。

那么伏特电堆到底是啥，其原理又是什么呢？伏特发现，导体可分为两大类：其一是金属，每种金属都有自己特定的电势，所以，两种不同的金属彼此接触时，将产生一定的电势差；其二是液体，即现在称为电解质的东西，它与浸泡在其中的金属之间并无明显的电势差，不同的电解质彼此接触时也无明显的电势差。于是，我们便可将具有不同电势的金属片按序堆积，使得底层金属片的电势高于上层金属片的电势，例如将铜片置于锌片上，从而得到正的电势差。

伏特还发现，当不同的电势差被施加在人体肌肉组织上时，将产生不同的感觉。当电势差大到一定程度时，若与青蛙的神经相连，便会引起青蛙发生抽搐。当电势差再大一些时，甚至可能闪现火花。换句话说，伏特终于清楚地解释了伽伐尼发现的所有现象。

伏特又发现，在一个多层堆积的金属片堆中，最底层与最顶层金属片之间的电势差与中间层的金属片完全无关，即多层金属片堆的电势差等同于最底层和最顶层两种金属片的堆积效果。因此，只需将两种金属片彼此相连，就能得到具有一定电势差的"电池"。若将这些"电池"串接起来，将会得到一个新"电池"，它的电势差等于中间各个"电池"的电势差之和。基于上述几项重大发现，伏特终于巧妙地制成了伏特电堆。他将锌片、铜片和布片反复重叠堆积后浸入酸液中，于是每组直接相连的锌片和铜片就组成了一个"电池"，而布片只起绝缘作用。将被布片隔离的各个"电池"串联后，就可得到电势差满足要求的蓄电池，产生人类历史上最早的直流电，其电力强度远远超过了以往的任何一种静电发电机。从此，人类对电的研究终于从静电发展到了电流，从而引发了后来的电学革命。

伏特的这项成果一经公布立即引起了全球物理学界的轰动。数月后，他受邀前往巴黎，在法国科学院，向包括拿破仑在内的社会各界代表现场演示了伏特电堆。拿破仑看完演示后立即下令，授予伏特一枚特制的金质奖章和一份高额的养老金！这样，伏特又被当时最有权势的人物拿破仑列入了"重点保护人员名单"，其名气如日中天。

得意的伏特此时并未忘形，而且不知何故，此后的他反而从历史舞台上迅速销声匿迹，甚至都没继续改良和推广其伏特电堆。对此，史学家做了各种猜测。有人估计他已年过半百，无力也无意再与年轻人竞争。也有人估计他已功成名就，不愿再接再厉。还有人估计，他那有限的数学能力限制了其科研潜力。更有人估计他一直守在大学中，习惯单枪匹马，也许仍在继续研究，只是没出啥成果而已。到底史学家的哪种猜测合理呢？我们不便下结论，各位读者也可自行猜测。4 年后，伏特在 59 岁那年正式向拿破仑提出了退休请求。哪知后者不但断然拒绝，还封伏特为伯爵，并辅之以更多的金钱和更大的名誉。

伏特 70 岁那年，拿破仑倒台并被流放到大西洋中的圣赫勒拿岛。但是，作为拿破仑时期的红人，伏特一点也未受到牵连，他像没事人一样，照旧与身边的同事和朋友相处。这也可算作伏特的另一"特别"之处吧。须知伏特生活的时代是欧洲少有的乱世，但奇怪的是，无论社会如何动荡，无论谁当权，伏特都能自如应对，都能受到各方尊敬。这也许是因为他只是醉心于科研，能独善其身吧。在生命晚期的最后 8 年，伏特几乎处于与世隔绝的隐居状态。

1827 年 3 月 5 日，伟大的电池发明者伏特以 82 岁高龄在其出生地安然去世。为了纪念他在电学方面的突出贡献，后人将电势的单位（电压的单位）命名为"伏特"，简称"伏"。

第七回

巨人国中无侏儒，本生小弟尤突出

嘉庆十六年（1811 年），大清加强闭关锁国，三令五申"严禁洋人潜往内地，严禁民间信奉天主教"。这一年 3 月 30 日，在德国哥廷根的一个高级知识分子家中诞生了本回主角罗伯特·威廉·本生（Robert Wilhelm Bunsen）。刚刚呱呱坠地，本生就嗅到了阵阵书香，睁眼一看，哦，老爸是哥廷根大学的语言学教授兼图书馆馆长，妈妈是一位漂亮的才女，外公也是一名知识渊博的著名学者。他上面还有三位哥哥，一个更比一个帅。生活在如此书香门第，本生作为幺儿，虽可享受父母的特殊宠爱，但也不敢轻易怠慢呀！

本生先是在哥廷根的贵族学校读完中小学，其成绩优异，自然无话可说。接着，他就到霍茨明登读大学预科，并在 17 岁时考入哥廷根大学，开始学习化学、物理学、数学和矿物学等课程，从此便跨进了学术巨人国。他在其人生的各阶段，以不同形式接触到了各种各样的科学巨人，自己最终也成了巨人，同时还培养了不少巨人。他的数学任课老师竟是高斯。对，高斯就是那位传奇的数学天才、物理学家、天文学家、几何学家和大地测量学家。另外，刚入大学时，本生就在化学课堂上有幸认识了著名科学家、化学元素镉的发现者斯特罗迈尔教授，并在他的赏识和指导下进行学习。短短两年后，19岁的本生魔术般地获得了物理学博士学位，其速度之快让后世传记作家都没能"抢到镜头"。

政府官员一看，这个小博士大有前途，便立马资助了他一笔留学津贴，供其前往法国、瑞士和奥地利等国的化工厂、矿产地和知名实验室进行为期三年的学术访问。至于此间他到底都学到了什么"绝世神功"，目前已不得而知，但他确实结识了不少"江湖大侠"，比如首次提炼出咖啡因的著名德国分析化学家龙格，化学元素氯的发现者、法国化学家和物理学家吕萨克，以及被尊为"有机化学之父""肥料工业之父"和"史上最伟大的化学教育家之一"的李比希等。这些人对本生后来的科学事业都产生了难以估量的影响。

游学回来后，22岁的本生立即被母校聘为讲师，他马不停蹄地开始了自己的科研工作。由于精力过旺，他的研究兴趣非常广泛，横跨有机化学和无机化学，其间自然享受过不少成功的喜悦，也经历了更多失败的痛苦，甚至差一点就赔上了小命。在有机化学研究方面，他先是凯歌高奏，把有机毒物们打得抱头鼠窜。23岁时，他旗开得胜，发现了一种至今都还有用的"解毒神药"水合三氧化二铁（可用作砷中毒的解毒剂）。25岁时，他接替人工尿素的发现者维勒之职，成为卡塞尔理工学院的教授。在此期间，他又发现了一系列氰化物的众多奥秘。比如，他发现二甲砷基是一种含砷有机化合物，还发现亚铁氰化铵的晶型等同于亚铁氰化钾等。28岁时，春风得意的本生转入马尔堡大学。此时，他更是势如破竹，竟一口气发表了5篇重量级学术论文，从此声名鹊起。32岁时，本生到布勒斯劳大学担任化学教授，在这里结识了另一位巨人——物理学家基尔霍夫。对，那就是著名的基尔霍夫定律的提出者。此后，两人长期合作，硕果累累。有机毒物们一看这阵势，赶紧商量道："这还了得，若任由本生如此横行霸道，咱有机毒物还想活命不？"于是，毒物们开始组织反击。果然，在本生41岁那年，机会终于来了。这一天，本生正在做一个剧毒化学实验。突然，"轰"的一声，试管爆炸了，一块染毒玻璃趁机钻进他的右眼。毒物们赶紧落井下石，争相抢夺本生之命。可哪知本生愣是战胜了死神，右眼失明的他更是独具慧眼，甚至练就了公认的"化学神奇之眼"，因为他后来的业绩都归功于精细观察。出院后的本生转入海德堡大学，在这里担任化学教授，直到退休。他没放弃继续征服有机毒物。只见他"啪啪啪"一通组合拳后，在48岁前搞清了几乎所有二甲砷基化合物的结构式，为有机结构理论的发展奠定了坚实的基础。

伙计，上述有机化学传奇其实只是一段小小的插曲而已，本生的真正主战场实际上是在无机化学领域。他曾分析和鉴定过上千种无机物质，大大推进了无机分析和测量技术的发展。限于篇幅，本回显然不可能全面介绍他的所有科研工作，而只是聚焦于他作为通信奠基者的身份和最有代表性的化学成就。

化学家本生为啥能进入"通信名人榜"呢？这就得从他30岁时研制出的本生电池说起。至于本生电池的原理到底是什么，这里就不复述了，只需知道它是当时最先进和廉价的电池，还能长期提供强劲的电力就行了。从此，人类对电的理解更上一层楼，电也开始在多方面投入应用。比如，有了足够的电力后，人们便能进行物质的电解研究，从而开创了化学史上一直沿用至今的神奇电解法；借助电流激发化学反应，人们发现了许多化学元素。本生自己利用本生电池进行了若干电解研究。一方面，他通过电解水的实验，不但发明了电量计，还测定了锌和水的化学当量，证实了著名的法拉第定理（电量与电解物质的重量之间确实存在稳定的量化关系）。另一方面，他通过对相关金属的电解，分离出了镁、铝、钠、钙、钡、锂、铬和锰等常用元素，其中有些元属（如锂）是由他首次分离出来的。其他元素前人已能分离，但是前人的方法不能用于批量生产，所以，本生的新方法仍具有划时代的意义。更重要的是，本生为后人研究相关元素提供了基本保障，使得它们的性质能逐渐被人们所了解。本生利用镁燃烧时产生的强光来照明，并开展了一系列光化学研究。本生还利用电解法分离出了更多的稀有金属，包括铈、镧、钕、镨、钯、铑、钌、铱和铟等。他用自己独创的热量计测出了它们的比热。

本生把多个本生电池串接后得到高压电流，并以此为基础完成了许多神奇的发明。他将高压电流通入弧光灯，产生了耀眼的强光，这便是电应用于照明的首次实验。他基于弧光灯的亮度分析，创制了光度计，把当时德国的"皇太子"惊得目瞪口呆。他将高压电接入"量气管"，开创了一种新途径来对稀土金属和气体进行光谱分析。他发现，用弧光灯的强光照射某些气体将引发化学反应。比如，同体积的氢气和氯气混合后，在强光照射下就可以发生反应，而且是与光的波长有关的化学反应。由此，本生大胆地估计了太阳的辐射能量。

当然，本生的代表性成果主要是在无机化学分析方面。这又得提到一个看似平常的小玩意儿——本生灯，它其实只是一种温度很高、可产生无色火焰的燃气灯而已。它是本生在法拉第发明的基础上经改进而得到的一种实验仪器。但是，各位千万别小看了这种灯，它在化学史上可是少有的宝贝，否则就不会用其发明者的名字来命名了。暂且不说别人利用这种灯取得了什么巨大成就，单单本生自己就让本生灯大放光芒。利用火焰的无色性，本生发现将不同的物质放在这种灯上灼烧时，其火焰将出现不同的颜色（以下简称焰色）。比如，钾盐的焰色为紫色，钠盐的焰色为黄色，锶盐的焰色为洋红色，钡盐的焰色为黄绿色，铜盐的焰色为蓝绿色。观察焰色有助于人们了解相关物质的成分。当然，面对复杂的物质时，情况就不会如此简单了，因为此时各种焰色会彼此掩盖，使得最终的合成焰色难以辨别。特别是灼烧钠时的黄色火焰几乎能掩盖其他所有火焰的颜色。若用滤光镜把各种焰色分开，观察效果虽有所提高，但仍不理想。后来，本生与基尔霍夫合作，研制出了一种神器——光谱分析仪。他们将直筒望远镜和三棱镜连在一起，让光线通过狭缝后进入三棱镜进行分光。从此以后，他俩的合作成果就开始井喷。借助这种光谱仪，他俩于 1860 年 5 月 10 日在矿泉水中发现了新元素铯，1861 年 2 月 23 日在分析云母矿时又发现了新元素铷。书中暗表，本生的这种光谱分析法后来掀起了元素发现的新高潮。1861 年，英国化学家克鲁克斯用它发现了铊；1863 年德国化学家赖希和李希特用它发现了新元素铟，以后又发现了新元素镓、钪、锗等。更神奇的是，光谱分析法还可用于热体电磁波谱分析，甚至用于太阳等恒星的化学成分分析，为后来的天体化学打下了坚实的基础。

由于本生的科研成果实在太多，这里就不再细述了。此外，他获得的奖项和荣誉也很多。他在 31 岁时当选伦敦化学会会员和法国科学院外籍院士，47 岁时当选英国皇家学会会员，49 岁时荣获英国皇家学会荣誉奖章，66 岁时荣获戴维奖，79 岁时荣获英国工艺学会何尔伯奖等。面对这些荣誉，本生却很淡漠，他坦言道："它们的唯一价值就是让妈妈自豪。"本生不喜欢政治性社交，尤其不愿与显贵交往。据说，在他 75 岁那年，海德堡大学举行隆重的建校五百周年庆祝活动，邀请了众多显贵。在大会的各种致辞中，本生都被频频点赞，可他自己在会场上无趣地睡着了，良久才突然惊醒。原来他想抢救梦中的那只"即将歪倒的试管"。

本生是在众多巨人的帮助下成为巨人的，而他也培养了不少巨人。他非常重视教学工作。实际上，他的本生灯就是教学实验的产物。据说，他还是一位高明的玻璃匠，能将烧红的玻璃吹成任何形状的器皿，让学生佩服得五体投地。据不完全统计，在他亲自培养的博士中，后来成为巨人的科学家至少有 1905 年诺贝尔化学奖得主贝耶尔、1905 年诺贝尔物理学奖得主莱纳德、1918 年诺贝尔化学奖得主哈伯、发明蒸气密度测量仪的梅耶、发现丁达尔效应的丁达尔，以及知名于科尔贝电解、科尔贝 / 施密特反应和科尔贝腈合成反应的科尔贝等。此外，他指导过的巨人还有编制化学元素周期表的两位功臣——门捷列夫和迈耶尔。

本生将一生都奉献给了自己喜爱的科学事业。他终生未娶，对热心的红娘也是能躲就躲。当被追问原因时，他总是推说："没空！"有一次，他竟忘掉了婚礼时间，自然也没当成新郎。70 岁时，他给老同事写信时还说："垂暮之年，回忆过去，最好的时光当数我们开展科研合作的那段时间。"好不容易在 78 岁退休后，他仍未放弃科研，直到 1899 年 8 月 16 日以 88 岁高龄在海德堡与世长辞。时年，中国发现甲骨文。

本生去世后，各界对他的好评如潮。他的众多杰出弟子一致认为：作为科学家，本生是伟大的；作为导师，他更伟大；作为一个纯粹的人和一个真心的朋友，他最伟大。

为了纪念本生的杰出成就，1964年经国际天文学联合会正式批准，月球上的一个环形山被命名为"本生环形山"。

安息吧，本生。谢谢您为人类所做出的巨大贡献。

第八回

中学教师显神奇，欧姆定律泄天机

提起欧姆之名，几乎家喻户晓！你若上过初中物理课，那么肯定学过欧姆定律。谁说三个女人一台戏，三个男人照样也可以演一台戏，而且是一台非常精彩的世界级大戏，一台持续两百年不落幕并将永不落幕的大戏。这台戏的名字就叫欧姆定律。就算你已把该定律还给老师了，那么我也能瞬间点亮你的记忆。这台戏的三个男主角分别是欧姆、伏特和安培，这台戏的台词其实只有一句话，那就是电流乘电阻等于电压。不过，千万别小看这句九言台词，虽然如今三尺孩童都能倒背如流，但它的重要性非同一般，甚至已成为电学理论中最基本的结论之一，给电学的计算带来了极大的方便，在电学史上具有里程碑意义。当年的编剧欧姆老师为了想出这句台词，可谓绞尽脑汁，极尽终生才华。记得读初中时，为了应付考试，我背诵欧姆定律的口诀是"安培乘以欧姆等于伏特"，于是就得了一个满分。哈哈，这远比背诵李白的千古绝句容易。君不见，黄河之水天上来，奔流到海不复回；君不见，高堂明镜悲白发，朝如青丝暮成雪；君不见，欧姆定律立大功，易记易懂又易用！

就算你有物理恐惧症，听见欧姆定律就头晕，但你总听说过电阻吧？电阻的单位就是欧姆，简称欧。顾名思义，所谓电阻就是导体对电流的阻碍作用，电阻越大，表示导体对电流的阻碍作用越大，反之亦然。不同导体的电阻也不同。电阻是导体本身的一种特性，它将导致电子流通量的变化，电阻越小，电子的流通量越大，反之亦然。新闻媒体中经常报道的超导体其实就是电阻为零的特殊导体，准确地说是电阻小于 10^{-25} 欧的导体。此时，导体不但对电流没有阻碍作用，而且具有完全的抗磁性，即在超导体内磁场强度也为零。与超导体相对的是绝缘体，它的电阻很大。这里的"很大"一般并无明确界限，形象地说，只要基本上不传导电流就行。生活中常见的塑料手柄等就是绝缘体。当然，与不存在绝对的超导体类似，也不存在绝对的绝缘体，只要电场足够强，原来不导电的东西也可能导电。电阻值介于导体和绝缘体之间的材料就称为半导体。更准确地说，半导体是指导电性可控的材料，其控制范围可从绝缘体变化到导体。半导体是当今时代的宠儿，甚至号称信息社会的粮食。半导体收音机是老人们的最爱吧，电脑中的核心部件也与半导体密切相关。至于半导体材料硅嘛，那更是宝贝中的宝贝。

那位爱抬杠的读者说了，俺既没上过初中，也不听新闻，那又该咋办？别忘了，如今人们每天都得给手机充回电吧。你在充电时用的那根电线就是导体，手机的芯片就是半导体，手机的外壳就是绝缘体。电子社会的现代人几乎无法不与欧姆打交道。

不过，在欧姆所处的时代，情况可与现在完全不同。君若不信，请跟我们一起穿越 200 年，到古代去看看那时的欧姆到底是啥样。

各位乘客，请坐好了，"爱因斯坦号"时空穿梭机马上就要出发了！流浪地球提醒您：航线千万条，安全第一条；穿越不规范，亲人两行泪！

请大家注意，现在已是 1 年前了，2 年前了，229 年前了……好，时间锁定在公元 1789 年了。

请大家往窗外看，这里是 2 月 4 日的美国，乔治·华盛顿当选总统了；这里是 4 月 7 日的奥斯曼土耳其，帝国的苏丹哈米德一世去世了，同日赛利姆三世成为新苏丹；这里是 7 月 14 日的法国，大革命爆发了，手持各种武器的巴黎市民攻占了巴士底狱；这里是 8 月 21 日的巴黎，著名数学家柯西诞生了。咦，中国咋没事儿呢？哦，这里是乾隆五十四年，没准儿皇帝正在第 N 次游江南，或在某处吟诗作画呢。找到了，找到了，目标出现了！各位请看，这里是 1789 年 3 月 16 日的德国纽伦堡市埃尔兰根镇，本回主角乔治·西蒙·欧姆（Georg Simon Ohm）刚刚出生在一户平民家里。请大家出舱后悄悄地紧跟在欧姆的后面，只许看，别出声，更别被古人发现，否则后果自负。

哦，原来物理学家欧姆的出身很一般嘛，他的出生地埃尔兰根却很特别，它是德国的玩具城，虽属德国，但其居民则来自法国，大都是在宗教迫害期间逃到德国的新教徒。为啥要特意交代这些背景呢？因为后来当德国与法国交恶时，欧姆和其他居民将因此而大受苦头。德国人敌视他们，拿他们当法国间谍；法国人也敌视他们，拿他们当卖国贼。反正，两头不落好。

欧姆的母亲名叫玛莉亚·伊丽莎白·贝克，是裁缝之女。她虽未受过正规教育，但也属心灵手巧之辈。欧姆的曾祖父是一位锁匠，准确地说是一位造锁而非只修锁的锁匠。欧姆的祖父也是一位锁匠，欧姆的父亲乔安·渥夫甘·欧姆仍然是一位锁匠，而且是一位掌握了"祖传秘方"的世家锁匠，因此非常受人尊敬。那位读者怀疑了，连书都没读过的锁匠也能受人尊敬？嘿嘿，告诉您吧，那时的锁匠可是高科技人才，先要当十年学徒学造锁，再实习十年学修锁，总共需要度过"二十年寒窗"，才能最终成为一个能自己开店的锁匠。这样的人才当然不亚于现在的高级工程师。由此可见，欧姆的基因其实并不差，这也是为啥他家能同时冒出两位科学家的内因吧。欧姆的弟弟后来也成为著名的柏林大学的首席数学家。

欧姆的兄弟姐妹本来很多，可大都夭折，最终只存活了两位。所以，他的父母很珍爱自己的子女，更重视孩子们的幼年教育。欧姆的第一位启蒙老师是他的父亲。他从父亲那里学到了不少数学、物理和哲学等文化知识，更重要的是他从父亲那里还学到了对自学的自信，懂得了自学的方法，更唤起了他对科学的浓厚兴趣。他的父亲当年就是靠自学成为了村里有名的"科学家"的。此外，在父亲的教育下，欧姆还受到了修锁和造锁等机械技能的训练，他甚至对木工、车工、钳工样样精通。这对他后来的研究工作，特别是自制物理实验设备大有帮助。物理学是一门实验科学，若只会动脑而不会动手，那么就宛如单腿独行，既走不快也走不远。

欧姆10岁时，母亲病逝，这给全家带来了沉重打击。11岁至15岁，欧姆与弟弟一起进入埃尔兰根高级中学学习。我们不知道他们的学习成绩咋样，也不知都学了些什么，只知道欧姆明显觉得学校传授的知识与父亲所教的完全不同。在中学毕业那年，欧姆遇到了一位伯乐——数学老师兰格多夫。他敏锐地发现了欧姆兄弟俩的异秉天赋，特别是在数学方面与众不同。他甚至在毕业评语中写道：从锁匠之家也许将诞生出另一对伯努利兄弟！书中暗表，这里的伯努利兄弟来自瑞士著名的数学世家，这个家庭祖孙三代诞生了数名顶级数学家，伯努利兄弟俩更是世界知名。

当然，这位伯乐对欧姆兄弟俩的影响也很大。若干年后，欧姆还回忆说："兰格多夫认为，学生对数学的兴趣不会自然产生，而是需要老师精心培养，而最好的培养就是对学生付出足够的注意力，因为这会影响学生的求学意愿。对于数学，你虽然很难一见钟情，但数学绝对是值得许以终生的理想伴侣。"这位伯乐还建议欧姆兄弟俩自学欧拉、拉普拉斯等人的著作。也许正是此举才把他们引进了科学的大门吧。

16 岁那年，欧姆进入纽伦堡大学攻读数学、物理学和哲学。从此，他便开始了令人眼花缭乱的大学生涯。刚入学时，正处于叛逆期的他哪知啥叫学习，成天不是跳舞就是滑冰，气得老爸捶胸顿足，一咬牙干脆将他赶到瑞士去修锁，让这小子吃点苦头。同年，不忍心的老爸又将他接回纽伦堡大学继续学习。这回欧姆总算学乖了，开始认真上课了。可哪知几个月后德法战争爆发，居民不足万人的埃尔兰根镇一夜间就进驻了 3 万多名德军，整个城市几乎成为一座军营。父亲的锁业生意完全瘫痪，家里瞬间就入不敷出了，更无闲钱供养大学生。于是，欧姆只好辍学。不过，欧姆读书的故事还没完，甚至才刚刚开始呢。

17 岁那年，战乱中的欧姆终于在一个教会学校幸运地找到了一份中学数学教师的职位，在那里一边工作一边自学大学的相关课程。该校校长对欧姆的一封评价信使我们大致知道了欧姆的长相。这位校长说："刚来报到时，我并未看好这位又矮又瘦、其貌不扬的年轻人，但很快就发现这个小伙子真不错，教书好像是其癖好，而且他非常胜任这个工作。"

21 岁时，欧姆干了一件荒唐事。他竟然带着兰格多夫（对，就是那位伯乐）的推荐信偷越国境，爬过高山潜入正与祖国打仗的敌国，在那里悄悄拜一位法国数学教授为师，躲在教授家里学习数学和法语，长达整整一年时间。更神奇的是，这位敌情观念淡薄的数学教授竟没把这个奇葩弟子当成间谍！22 岁那年，欧姆从法国潜回家乡，通过自学考试，终于断断续续地完成了大学学业，获得了纽伦堡大学的学士学位。这时德法战争的影响更大，找工作更是到处碰壁，他只好今天当家教，明天到中学兼课，后天又做一些其他临时性工作。实在太穷时，他甚至去过德国陆军招兵处，试图应征入伍，结果未被录取。不过，在失业的空闲期，欧姆并未放弃科学研究，甚至借机完成了题为《光线和色彩》的博士学位论文。24 岁那年，他获得了纽伦堡大学的哲学博士学位。至此，历时 8 年的大学生涯才终于画上了一个句号。

在非常时期，博士学位对欧姆来说压根儿就没用。在随后的 4 年中，欧姆博士照样处于失业和半失业状态，主要依靠四处兼课挣点稀饭钱。据不完全统计，他兼职过的中学遍布班贝格、科隆和柏林等地。实在找不到工作时，他便饿着肚子做科研，就当打发时间吧。欧姆是一位既有天赋又有抱负的人，他虽然长期担任中学教师（其实还是临时老师），而且一直都缺少资料和仪器，更无名师指导，但是他始终不惧孤独与困难，坚持不懈做科研，甚至自己动手制作实验仪器。在 28 岁那年，他出版了自己的处女作《几何学教科书》。他在扉页上庄严地写道，把该书献给影响他一生的父亲。虽然这本书没啥销量，只有几家图书馆象征性地购买了数册，但是此书还是帮助欧姆很快找到了自己的第一份正式工作，担任科隆大学预科班的数学和物理老师，实际上相当于高中老师。从此，欧姆才可安下心来，真正开始朝着稳定方向做科研。当然，学校良好的设备也对他的科研有极大的帮助。

欧姆的主要科研成果是他在28岁至38岁期间担任物理教师时独立完成的。那时，他根本见不到正规的物理学家。与其大学生涯类似，欧姆的科研生涯也经历了死去活来的瞎折腾。从31岁起，欧姆便开始研究电磁学，试图探索导线长度与电流产生的电磁力衰减之间的关系。5年后，他将自认为正确的结果整理成一个公式，于1825年5月在他的第一篇科学论文中匆匆公开发表。可是，两个月后，他发现那个公式原来是错的。作为名不见经传的中学老师，他闯入当时最前沿的科研领域，本身就容易被人误解。更糟的是，首篇论文的草率给人们留下了口实，甚至可能被人鄙视，至少学术界觉得他对科研不负责。1826年4月，当欧姆再次在德国的《化学和物理学杂志》上发表题为《金属导电定律测定》的论文时，虽然他想修正去年的错误公式，并且这次真的得到了正确的欧姆定律，但是学术界已将欧姆看成喊"狼来了"的那个放羊娃了，对他的成果要么怀疑，要么尖锐批评。另外，欧姆定律确实太简洁了，大出"权威专家"的意料。1827年，欧姆继续坚持出版专著《动力电路的数学研究》，完整地阐述了他的电学理论，给出了系统的数学解释，特别是从理论和实验两方面严格论证了欧姆定律。但是，他受到的仍然只是讽刺和诋毁。一位名叫鲍尔的"专家"公开说："建议那些以虔诚眼光看待世界的人不要读这本书，因为它纯粹是不可置信的欺骗，它的唯一目的就是要亵渎自然的尊严。"同行的过激反应让欧姆万分失望和伤心，精神抑郁的他在写给朋友的信中说道："它（指欧姆定律）的诞生给我带来了巨大的痛苦，它真是生不逢时呀！暴打邻家小孩的人哪知母亲的真实感受呀！"不过，也有人为欧姆打抱不平。

《化学和物理学杂志》的主编施韦格（电流计的发明者）写信给欧姆，鼓励他说："请您相信，被乌云和尘埃挡住的真理之光最终会透射出来，并含笑驱散它们。"另一位科学家波根多夫也写信鼓励欧姆继续干下去，而且给他提出了一些善意的指导和改进。

又过了4年，真理之光终于放射出来了！1831年有位叫波利特的科学家在实验中多次引用欧姆定律，最后得出了准确结果，验证了欧姆定律的正确性。这才引起了科学界对欧姆的重新注意。于是，物理学家们纷纷开始验证欧姆定律，并把它运用到电学、磁学的实验和研究中去。不过，此时可怜的欧姆已辞去科隆的教师职务，又以家教为生了。还是纽伦堡皇家综合技术学校的动作快，该校于1833年将已经44岁的欧姆聘为教授，从1839年起又请欧姆出任该校的校长。随着电路研究的不断推进，欧姆定律的重要性越来越突出了。1841年，英国皇家学会向52岁的欧姆授予了当时的最高荣誉——科普利奖章，并宣称欧姆定律是"在精密实验领域中最突出的发现"。于是，德国科学界哗然了，欧姆的声誉也迅速提高了。1842年，欧姆被聘为英国皇家学会外籍会员。1845年，他又被接纳为巴伐利亚科学院院士。1849年，慕尼黑大学将已是名人的欧姆"挖"到了本校。1852年，也就是去世前两年，他又晋升为该校教授。

欧姆终生未婚，生活也非常简单。他这一辈子虽遇到颇多困难和误解，但始终豁达开朗，做事认真，言语幽默。晚年时，他回到了母校纽伦堡大学任教，因为他特别喜欢讲台。有关他讲课的趣闻还真不少。

上课时，他的口头禅总是"你们到底懂不懂我的问题"，却从来不问"知不知道答案"。因为他认为问题比答案更重要，所以，他常常用很多时间去解释问题，而不是公布答案。"问题问对了，答案也就快得到了。"他说，"要将问题解释得很清楚，要像水晶那样透明，一点也不含糊。"

欧姆上课的教室里没有桌子，只有椅子。因为他不想让学生过于重视笔记，而是鼓励学生们跟随老师的讲解，一边思考一边做些简单的提示性记录。欧姆讲课时慢条斯理，想一阵讲一阵。他的话虽不多，但干货很多，其目的就是便于学生一边简记一边思考。欧姆很重视数学，他对学生说数学是揭示大自然奥秘的钥匙。他也很重视实验，他说实验就是见证。上实验课时，他每次都要详细讲解实验原理，然后再让学生动手。

1854年7月6日上午10点，欧姆抱病走上讲台。从此，他便在他最喜爱的地方（讲台）获得了永生，享年65岁。

10年后，英国科学促进会决定用"欧姆"命名电阻的单位（简称"欧"，符号为Ω），以此纪念这位勤奋顽强、命运多舛、才能卓越的中学物理老师。

其实，除了欧姆定律以外，欧姆还有其他一些重要发现。例如，他发明了电阻器，以根据需要控制电流的大小。他还发现乐声来自空气中粒子的振动，并与人耳中的薄膜一起共振。

第九回

托马斯·杨哪里强，全能天才全在行

本回主角名叫托马斯·杨（Thomas Young）。按外国人的习惯，本该称他为"杨"，可按国人的习惯，称"杨"又显别扭，还容易与汉姓混淆。所以，下面主要用全称"托马斯·杨"，偶尔也戏称他为杨大郎。这里当然不是指杨家将中的杨延平，而是因为他乃家中 10 个孩子里面的老大。由于这位杨大郎实在太牛，所以得先指出本回为啥要为他写小传，否则读者很快就会被淹没在他那浩瀚的生平事迹中。据不完全统计，杨大郎不但是享誉全球的物理学家，而且在力学、数学、光学、声学、语言学、动物学、生理学、考古学、船舶工程、潮汐理论等方面都青史留名，还在艺术方面颇有造诣，会演奏当时几乎所有的乐器。他更擅长骑马，还会杂耍，甚至精于走钢丝等。此外，他也是一位活鲁班，能造出十分精密的天文仪器。晚年时，他还顺便解决了保险经济中的若干重大问题。哦，对了，差点忘了，他的第一职业其实是医生，他是当时的著名医生，在血液循环和生理解剖等方面取得过影响至今的医学成就。简而言之，我们为他写小传的原因在于他是光的波动说的奠基人，而光通信已成现代通信的主力。他确曾错误地认为没有任何理由去设想电与磁之间存在任何直接联系，但事实上他所发现的光波本身就是电磁波的典型代表，是电与磁"直接联系"的产物。可见，再伟大的人物也不能被盲从，人类在认识电与磁的过程中确实走过不少弯路，犯过不少错误。另一位伟人安培也在这方面栽过跟头，因为他也曾误以为电与磁是相互独立的两种不同的流体。

好了，下面有请托马斯·杨正式登场，请他重新演绎自己的部分精彩传奇。

乾隆三十八年（1773 年），即莫扎特完成名曲《阿利路亚》那年，也是《四库全书》开始编纂的那年。这一年 6 月 13 日，托马斯·杨出生于英格兰萨默塞特郡的一个富豪家中。他自然受到了良好的早期教育，但更神奇的是，刚刚断奶后，他就表现出了惊人的天赋，绝对是个不折不扣的神童。你看他，2 岁会阅读，见啥读啥，无所不好，并能一目数行；4 岁时能熟练背诵英文佳作和拉丁文诗歌；不到 6 岁就通读过《圣经》两遍，还学会了用拉丁文造句；9 岁就掌握了车工工艺，能自己动手制作若干精密物理仪器。几年后，他不但学会了刚刚诞生不久的微积分，还精通绘画和音乐，能制作显微镜与望远镜等当时的神奇之物。早在中学时期，他不仅大量阅读了各类古籍，还理解了牛顿的《自然哲学的数学原理》和拉瓦锡的《化学纲要》等当时的科学名著。

但奇怪的是，托马斯·杨虽然聪明无比，但他一辈子也未能解决那个对常人来说非常容易的问题，即自己到底是谁，今后到底要干什么。后来，这个问题也成了人们编写他的传记（包括本回在内）时所共同面临的难题。他终生立志无数，还都是大志，而且经常是数志并行。更不可思议的是，他总是有志则尽成，且是大成和特成。因此，下面只好挂一漏万，选择几个有代表性的例子，尽量客观地介绍他那不可思议的一生。

托马斯·杨最早立下的志向也许是青少年时期的语言学家之梦。他早在 14 岁之前就掌握了法语、德语、希腊语、拉丁语、意大利语等 10 多门语言，不但听说无碍，还读写自由，与母语的运用并无二致。此后，他又学会了波斯语、希伯来语、阿拉伯语、叙利亚语、土耳其语等，简直就成了活脱脱的"人类语言自动翻译机"。再后来，他深入地研究了 400 多种语言，既包括当时正在使用的各民族语言，也包括早已失传的语言。在实现其成为语言学家的理想方面，托马斯·杨最伟大的成就便是最先破译了数千年来无人能解读的古埃及象形文字，并以此创建了一门研究古埃及文明的新学科。

原来拿破仑远征埃及时发现了一块古埃及石碑，那就是如今大英博物馆的镇馆之宝、全球四大名碑之一的罗塞塔石碑。该碑上刻有若干稀奇古怪的文字，当时全球各地精英对此进行了十余年的破译，但毫无进展，只能"望碑兴叹"。这时，托马斯·杨出场了。只见他稍稍运用已掌握的小部分历史和语言学知识，轻轻一弹指，就打破了过去 150 多年来考古界对象形文字的思维定势，不但很快发现了这种象形文字符号的读法，还成功地破译了石碑上所刻的 13 位王室成员姓名中的 9 位。接着，他便鸣金收兵，因为当时他只得到了石碑拓本的残片。但托马斯·杨的破译思路启发了另一位著名专家商博良，后者最终发现了古埃及象形文字以形表义和以形表音的奥秘，从而破译了石碑。原来这是公元前 196 年托勒密五世的登基诏书。这也开启了研究古埃及语言与文化的大门。

托马斯·杨的第二个，也是最正式的志向便是当医生。这也是他受那位名医叔父长期影响的结果。实际上，叔父一直很疼爱他，甚至后来还给他留下了巨额遗产，包括房屋、书籍、艺术品和大量现金，以至使得经济上完全无忧的托马斯·杨可以纵情于自己喜欢的任何事情，而不必担心失业和生计等问题。此外，父母也大力支持他当医生，不惜血本送他到名校学医，哪怕后面还有9个子女需要抚养。在19岁时，托马斯·杨来到伦敦大学医学院，开始接受正规的专业训练。但他很快就发现课程内容实在太简单，根本经不起他稍微认真一点的学习。他只好将大量课余时间用于上流社会的频繁交友活动，经常拜访多位政治家、画家及贵族大佬等。如此一来，一位活跃的交际能手就出现了。即使如此，托马斯·杨的智商余额仍然经常爆棚，他在大二时小试牛刀，对牛眼进行解剖学研究。结果一不小心，他就在当年首战告捷，取得了一项影响至今的重大医学发现，即人眼的晶状体能自动调节以适应所见物体的远近。英国皇家学会一看，这还了得，如此神人必须赶紧抓住！于是，哪管杨大郎还只是一位在读的大学生，就急匆匆地选举他为众多著名科学家终生梦寐以求的英国皇家学会会员。后来，他还发现色觉取决于眼里的三种不同神经，它们分别感知红色、绿色和蓝色。他因而被尊为生理光学的创始人。直到150年后，德国著名科学家亥姆霍兹才进一步提出了三原色理论（一切色彩都可由红、绿、蓝三色以不同的比例混合而成）。

看来伦敦大学这座"小庙"已容不下杨大郎这尊"大神"了。与父母紧急磋商后，托马斯·杨转入当时更高级的爱丁堡大学，结果他仍觉得那里不是用武之地。22岁那年，他干脆离开英国，来到世界著名的德国哥廷根大学医学院。结果，又是一个不小心，他在一年后轻松取得了医学博士学位。唉，接下来该咋办呢？就业吧，太早；拜师吧，又没人教得了。世界这么大，咋就没天才的施展空间呢？无奈之下，他一咬牙来到剑桥大学伊曼纽尔学院做博士后，希望这次能找到"棋逢对手"的感觉。可他再一次失望了，因为这里的"学霸"在他的碾压下也只有招架之功，全无还手之力。一年多后，当24岁的他离开剑桥时，那些对他羡慕嫉妒并私下称他为"怪人杨"的学霸才总算松了一口气。

既然医学难题早已挡不住托马斯·杨了，他只好再转移战场。于是，他一边在伦敦的圣乔治医院工作，一边开始研究自然科学。虽然他从未接受过任何正规的数理教育，但这丝毫不影响他的科研能力。他仅仅花了一年时间，就在26岁前读完了当时号称数学前沿的振动弦理论并提出了新见解，充分展示了学术潜力，也为随后的波动理论打下了坚实的基础。接着，他又用两年时间登上了物理学巅峰。这当然既不是指他在这一年被聘为教授，也不是指他被英国皇家学会重用，而是指他完成了一件开天辟地的大事，或者说是在太岁头上动了土。这个太岁可不是一般的太岁，而是当时全球科学家顶礼膜拜的伟人牛顿；动的那个土也不是一般的土，而是牛顿的光学理论，准确地说是牛顿在其代表作《光学》中提出的"光的本质是实体粒子"。而该理论自牛顿提出后就一直是光学界的主流观点，因为它确实能圆满地解释诸如光的反射和折射等现象。

28岁的托马斯·杨石破天惊，在一篇题为《物理光学的相关实验与计算》的论文中宣称：光和声音一样都是波而非粒子；不同颜色的光对应不同频率的波。非常意外的是，他本以为要引起轩然大波的这个爆炸性结论却没引起任何反应，甚至连半点涟漪也没有。他那个自以为绝妙的双缝干涉实验也没人愿意验证和思考，他的文章更被所有学术刊物拒绝发表，因为审稿人认为它太"荒唐"和"不合逻辑"。不过，托马斯·杨并不着急，只见他"啪"的一声掏出腰包，自信满满地将该项成果印成了一本书，名为《声和光的实验和探索纲要》。他在序言中坦称："尽管我仰慕牛顿的大名，但我并不因此认为他永远正确。我遗憾地发现他确实错了，而他的权威甚至可能阻碍科学进步。"不出所料，这本书仍然无人问津，以至在书架上被冷落了近20年。直到1815年，法国物理学家菲涅耳独立发现了类似的现象，重新提出了光的波动学。这时，在托马斯·杨的夫人的提醒下，人们才想起了冷宫中的那本书，托马斯·杨才被正式公认为提出光波理论的第一人。当然，菲涅耳的成就也不可忽略。三年后，菲涅耳发表了一篇更严谨的论文，从此光波说才站稳了脚跟。后来，托马斯·杨和菲涅耳成了好朋友。再后来，爱因斯坦多次在不同场合评价说：光波说的成功在牛顿体系上打开了第一道缺口，揭开了现代物理学的序幕。如今，人们终于明白：光既不只是粒子，也不只是波，它既是粒子又是波，具有所谓的波粒二象性。

伙计，你也许会纳闷：初出茅庐的小伙子凭啥就敢挑战牛顿且志在必得呢？嘿嘿，原来他做了那个被称为"最美物理实验之一"的、如今中学物理课本中必不可少的杨氏双缝干涉实验。他让一个光点在暗室中通过一个小孔，从而得到一束散射光；再让这束散射光透过两个相邻的小孔，在光屏上显示光影。投在光屏上的两束光来自同一光源，具有相同的频率。按照波动理论，它们就该相互影响、相互干扰，或者说就该在光屏上形成明暗相间的干涉图样。实验结果果然如此。

对了，在光波理论被打入冷宫期间，托马斯·杨从未消沉。他一如既往地天马行空，甚至忙得不亦乐乎。他一会儿忙于发表难以计数的科研成果（比如在材料力学课本中至今都还有他的杨氏模量），一会儿忙于丰富多彩的个人生活。有一次，为了赶上艺术展，他竟策马飞奔了 300 千米！

1829 年 5 月 10 日，精力过盛的天才、55 岁的托马斯·杨去世。为了纪念他的伟大贡献，人们将他与牛顿、达尔文、丘吉尔和狄更斯等人安葬在一起，其墓碑上写着"一个在所有学科中几乎都享有崇高地位的人"。

第十回

菲涅耳光学之父，穷小子天生命苦

1788 年（乾隆五十三年）5 月 10 日，在法国厄尔省布罗利耶市的一个建筑师家里，诞生了一个皮包骨头的小瘦猴。喜忧参半的父母按照家族传统给儿子取名为奥古斯汀 - 让·菲涅耳（Augustin-Jean Fresnel）。父母为啥如此担忧呢？因为当年物价飞涨，家里的经济条件太差，甚至整个法国都很糟糕，包括菲涅耳家在内的许多家庭在购买基本口粮方面的开销就高达全部收入的一半，后来更高达惊人的 80%。逃荒的农民大量涌入城市，又引发高失业率，家庭收入随之减少。更糟糕的是，当年春天发生严重旱灾后，接着便是夏天的罕见雹灾，然后是超级寒冬，病死、饿死、冻死者不计其数，社会开始动荡不安。

就在菲涅耳刚满周岁的 1789 年，父母的经济之忧还没下眉头，更严重的政治之忧又涌上心头。这一年爆发了法国大革命。7 月 14 日，革命者攻入巴士底狱，解放了被关押在其中的 7 名囚犯，随后便开始了一系列轰轰烈烈的革命行动。令他的父母尴尬的是，他们搞不清自己到底是革命者还是被革命者。若从经济角度看，入不敷出的现实当然就表明他们根红苗正，而不必担心受到冲击。但是若论家庭出身，菲涅耳的妈妈可就是典型的被革命者了，因为她出生于一个拥有贵族血统的富豪家族——梅里美家族。各位对这个家族不太熟悉的话，总该听说过那部当今上演率最高的歌剧《卡门》吧。对，《卡门》改编自他妈妈家族的一名成员——普罗斯佩·梅里美的一部中篇小说。

当然，最让他的父母担忧的是如此孱弱的儿子在如此恶劣的环境中到底能不能养活，即使侥幸能养活，今后他又该干什么，又能干什么。当时的社会实在太乱。第一批革命者刚刚宣布"废除波旁王朝的君主专制，取消教会和贵族特权，废除亲王和世袭贵族的封爵头衔，法国成为君主立宪制国家"，第一批革命者就发生了分裂。在菲涅耳 4 岁那年，第二批革命者赶走了第一批革命者，建立了法兰西第一共和国，并于 1793 年 1 月 21 日处死了路易十六。紧接着，1793 年 5 月 31 日，第三批革命者又推翻了第二批革命者的统治，不但处死了第二批革命者的许多首领，还于 1794 年 5 月 8 日处死了著名科学家拉瓦锡。又过了仅仅两个多月，第四批革命者于 1794 年 7 月 27 日发动政变赶走了第三批革命者，将第三批革命者的首领处死。菲涅耳的父亲吓得半死，赶紧抛弃工作，带着刚满 6 岁的菲涅耳，匆匆举家逃到一个名叫马修的小村里，过起了隐居生活。从此，菲涅耳便在这里度过了童年。

那时，菲涅耳还很小，根本不懂事，但他的父母很纠结，不知该如何培养儿子。他的父母很快就发现这种纠结纯属多余，因为此时的菲涅耳压根儿就是废人一个。他不但体弱多病，而且在学习上笨得出奇，在 8 岁前还存在阅读障碍，自然甭想上学读书了。于是，贵族出身的妈妈只好在家里亲自辅导儿子，完成了菲涅耳的全部初等教育。

菲涅耳 9 岁那年，拿破仑远征意大利取得重大胜利，法国军人势力开始干政。不知何故，菲涅耳竟突然开窍了，甚至天才般地依据相关科学原理，独自造出了玩具弓箭和玩具枪等。1799 年 11 月 9 日，拿破仑发动雾月政变，建立临时政府，自任执政官，此后很快称帝。法国的局面暂时平静。1804 年，16 岁的菲涅耳以优异成绩考入巴黎综合理工学院。在校期间，他的身体依旧弱不禁风，钱财依旧两手空空，但让全家人放心的是，知识分子不再是被革命的对象了。菲涅耳孜孜不倦地学习，成绩自然优异，在绘画和几何学方面尤为突出。此时，他还立下大志：今后要从事科学研究，要像爸爸那样也当一名建筑师。18 岁大学毕业后，菲涅耳进入法国国立路桥学校继续深造。21 岁那年，他从该校顺利毕业，取得了土木工程师资格证书，从此成为一名工程师，主要在法国各地从事铁路建设工作。在一项连通西班牙、法国与意大利的道路工程中，他取得了优异成绩。在业余时间里，他开始从事一些自己感兴趣的科研活动，只是还没啥建树而已。

法国国内好不容易才安静了几年，但其间拿破仑的对外侵略从未间断。菲涅耳的囊中也不太羞涩了，当然也只是解决了温饱而已。1814 年 4 月 13 日，拿破仑被赶下了皇位，被流放到地中海中的一个小岛上，甚至险遭暗杀，其妻儿老小也被软禁。当初被第一批革命者推翻的波旁王朝又复辟了，被革命者砍头的路易十六的继承人路易十八回到法国，当上了波旁王朝的国王。非常意外的是，仅仅半年多，拿破仑奇迹般地逃出小岛，回到法国。他竟于 1815 年 3 月 20 日重新登上宝座，路易十八仓皇逃跑。更意外的是，这时菲涅耳却受到迫害，不但被解除了职务，而且被送进了监狱。他先是被关押在尼翁村，后来又被转押到马蒂厄村。最意外的是，仅仅百余天后，拿破仑在1815年10月再次被赶下了宝座，被流放到大西洋中的圣赫勒拿岛，最终在那里命归黄泉。路易十八重新复位，波旁王朝再次起死回生。菲涅耳也结束了自己的百日牢狱之灾，重新获得了自由，还在巴黎找到了一份工作。

至于菲涅耳被捕的原因，今天已不得而知，但可以肯定的是，作为一个很内向的人，他绝不会热衷于政治。他在写给亲友的一封信中曾说："人际应酬是让我最痛苦的事情之一，坦率地说，我真不懂社交。"但从他被捕和释放的时间上推断，他可能还是受到了父母的影响，仍对波旁王朝有好感，毕竟妈妈是那时的贵族。因此，当波旁王朝赶走拿破仑后，他可能难免感情用事。可哪知拿破仑很快又回来了，菲涅耳自然就进去了。仅仅百日后，波旁王朝又回来了，所以菲涅耳就从监狱中出来了。

对一般人来说，蹲监狱肯定是最坏的事情之一了，可对菲涅耳来说，与世隔绝的监狱成了他静心做科研的宝地。从被关进监狱那天起，他就全身心地走上了辉煌而悲壮的光学研究之路。他得节衣缩食自费做科研，最后到了靠借钱维生的地步。出狱一段时间后，他竟辞掉所有工作。他研究的问题不仅具有相当大的难度，还得面临非常艰难的学术争辩。虽然他后来得到了大科学家阿拉果的全力支持，但他俩仍得面临更大的科学家的挑战，因为这些更大的科学家必须维护自己的学术尊严，也要维护最伟大的科学家牛顿的学术尊严。菲涅耳等人想否定牛顿的代表性成果"光粒说"，要证明光并非牛顿所宣称的那样"是由微粒组成的"，而只是一种波。不过，当时也有对菲涅耳有利的事实，人们已经知道了"光粒说"无法解释的几个现象，如托马斯·杨发现的光干涉现象、马吕斯发现的光偏振现象、阿拉果发现的旋光现象，以及阿拉果和珀蒂发现的折射率矛盾等。

菲涅耳在狱中取得的最重要的光学成就便是发现了光的衍射现象。衍射现象是指光在传播过程中，当遇到障碍物或小孔时，光将偏离其直线传播路径而绕到障碍物的后面。比如，光穿过小孔时，光影将形成明暗相间的若干同心环。从今天的角度来看，这显然足以证明光的波动性，但在当时大家都坚信牛顿的"光粒说"，这点"火力"根本不够，最多只能引发"地震"。果然，菲涅耳点燃了"波粒大战"的导火索，双方人士纷纷出场，都全力以赴寻找证据。三年后的1818年，法国科学院还专门为此举办了一场悬赏竞赛，其主题就是用精密实验确定光的衍射效应，用数学理论严格推导光线通过物体附近时的运动情况。

31岁的菲涅耳当然不会放弃这个"揭皇榜"的机会，他在阿拉果和安培的鼓励下，于1819年向此次竞赛的组委会提交了一篇论文，其核心便是后来被尊为惠更斯－菲涅耳原理的杰出成果。至于该论文的内容，这里就不必细述了。当时的一个评委、"光粒说"的坚定支持者、著名数学家泊松深受震动。他对菲涅耳的论文进行了全面仔细的研读，一方面真心佩服其推导过程的严谨，另一方面也不甘心就此认输。于是，泊松使出了一招"数学绝杀计"。他在假设菲涅耳正确的前提下，对其成果进行了更深入的数学推导，最后竟得出了一个完全违背直觉的结果。他发现，若菲涅耳正确，那么在圆盘衍射的情况下，衍射阴影中心就该出现一个亮斑。面对如此"荒谬"的推论，菲涅耳当时就傻眼了，"光粒说"阵营也以为稳操胜券了。可哪知半路上突然杀出个"程咬金"，阿拉果竟然巧妙地完成了难度极大的圆盘衍射实验，一个明晃晃的亮点确实出现在了圆盘的中心！哇，一时间"光波说"得到了许多科学家的基本认可，而那个亮斑从此被称为"泊松亮斑"。

菲涅耳取得的另一项具有里程碑意义的成果是他在 33 岁那年与阿拉果共同完成的一篇题为《偏振光线相互作用》的论文，不但正确地指出了光确实是一种波，还明确指出光是一种横波而非以往被许多人攻击的纵波。此文用横波理论成功地解释了光的偏振现象。1823 年，他又发现了光的圆偏振和椭圆偏振现象，并用"光波说"解释了偏振面旋转的"旋光现象"，推导出了量化的反射定律和折射定律（即菲涅耳公式），解释了马吕斯的反射光偏振现象和双折射现象，从而奠定了晶体光学的基础。菲涅耳的这套如行云流水般的组合拳打下来后，"光波说"基本上得到了大家的认可，这场长达 3 个世纪的学术之争也总算暂告一个段落，菲涅耳本人更是被尊为"光学之父"，准确地说是"物理光学之父"。

菲涅耳的成就当然不止上述几项，这一点只需从如今仍在学习和使用的许多光学实验和元器件的名称上就可看出，如菲涅耳双面镜干涉、菲涅耳波带片、菲涅耳透镜、菲涅耳圆孔衍射等。

由于菲涅耳的突出成就，法国科学院于 1823 年选举他为院士，英国皇家学会也于 1825 年选举他为会员。至此，一直困扰他的经济问题终于得到缓解。他首先还清了所有欠款，接着开始治疗那些常年缠身的疾病。可是，仅仅两年后，菲涅耳就在 1827 年 7 月 14 日因肺病逝世，享年仅 39 岁。

唉，真是天妒英才呀！

第十一回

阿拉果盘露天机，电磁感应揭秘密

1786 年（乾隆五十一年）2 月 26 日，在法国东部比利牛斯省埃斯特热勒的一个具有西班牙血统的小地主家里，诞生了本回主角多米尼克·弗朗索瓦·让·阿拉果（Dominique Francois Jean Arago）。

阿拉果从小就特别崇拜各种英雄，其中既包括军事英雄，也包括政治英雄，更包括科学英雄。在他 9 岁那年，老爸弃农从政，当上了省造币厂的司库，全家便随之迁居到省府。阿拉果在这里完成了早期教育，并锁定了自己的第一个人生目标，要像拿破仑那样当一名炮兵军官。阿拉果说干就干，15 岁时只身前往巴黎，决心先考取当时的法国名校巴黎综合工科学校。基础本来很差的他仅仅依靠自学就很快补足了考试所需的一切知识。17 岁时，他以第一名的成绩考上了大学。在大学里，他不但掌握了课堂知识，还学习了自己崇拜的拉格朗日和拉普拉斯等多位科学家的名著。后来的事实表明，阿拉果终生都在接触科学巨人，从中受益匪浅，他自己也成了一名科学巨人。早在大二时，他就经著名数学家泊松推荐，担任了巴黎天文台的秘书，认识了自己的偶像拉普拉斯。

20 岁时，阿拉果以第一名的成绩毕业，随后担任了新成立的地理测量局的一位秘书。同年，他与光学专家、云母光学特性的发现者毕奥一起开展了一项超级冒险活动，对西班牙东北部进行大地测量。这无异于虎口拔牙，因为他们实际上是在为法国即将开始的入侵战争做准备工作。两年后，法国和西班牙开战。当阿拉果在西班牙的一个具有战略意义的小岛上点燃测量用的火堆时，他被认为是在发信号指引法军入侵。于是，可怜的阿拉果在 1808 年 6 月被捕，被囚于岛上的军事要塞中，准备接受足够处以死刑的间谍罪。于是，辗转数千千米、历时近一年、剧情多次大反转的生死大逃亡开幕了。7 月 28 日，他巧妙地逃离监狱。8 月 3 日，他扮作商人历经艰险，总算乘船回到法国马赛。他刚想松口气，本以为脱离了狼窝，结果又在两周后的 18 日掉入虎穴，被海盗掳走。在被囚禁 3 个月并交足赎金后，他终于获释。哪知当他再次乘船回马赛时，祸不单行，他又被北风吹到阿尔及利亚。在一位好心的向导的舍命带领下，他多次躲过狮群的疯狂攻击，终于失魂落魄地沿陆路到达阿尔及尔。他在那里休整半年后，最终乘船回到祖国，还奇迹般地带回了全部测量资料，一时成了家喻户晓的英雄。

大难不死的阿拉果果然有后福。在成功逃回法国后仅仅几个月，23 岁的他被任命为巴黎工艺学院画法几何讲座教授，还在同年高票当选为法国科学院院士，甚至被拿破仑亲自任命为巴黎天文台研究员，后来晋升为台长。若说此前阿拉果的学术地位还有政治水分的话，那么接下来的科研成就便货真价实了，不过仍然少不了传奇般的剧情大反转。

先看"光波说"方面的"阿拉果剧情大反转"。起初，阿拉果绝对是一位虔诚的"光粒说"信徒，这不仅因为他崇拜牛顿，还因为他的众多老师和偶像（如拉普拉斯、毕奥和泊松等）对"光波说"不屑一顾，更是因为他从一开始所受的教育就是牛顿体系。

后来，阿拉果在"推翻""光波说"的大战中立了大功。原来就在他逃亡期间，法国物理学界的新秀马吕斯发现了光的偏振现象。啥意思呢？从今天的角度看，这意味着"光波说"又多了一个新证据，即光不但是波，还是像抖绳子那样的横波，这种波的振动方向垂直于传播方向。从当时的角度看，这却成了反对"光波说"的铁证。当时"光波说"的主流是惠更斯的"纵波说"，认为光波是像声波或弹簧波那样的纵波，这种波的振动方向平行于传播方向，故而根本不可能发生偏振现象。形象地说，马吕斯再次否定了当年已被牛顿否定过的惠更斯，若稍微马虎一点的话，这自然容易让人盲目地"再次肯定牛顿"。阿拉果也许就是当时的众多马虎者之一，刚从海盗窝里逃回来的他在重复马吕斯的实验时，发现了一个更重要的、本该是支持"光波说"(准确地说是"横波说")的著名现象——旋光现象（偏振光在通过气体、液体和晶体时，偏振角度会发生变化）。换句话说，阿拉果在 23 岁时的这个重大发现几乎彻底否定了光的"纵波说"。但从今天的角度看，它其实并未否定，反而支持了"横波说"；它也并未支持"光粒说"，反而否定了"光粒说"，因为若光是粒子的话，它更不可能发生偏振和旋光现象。不过在当时阿拉果并未意识到自己的发现其实否定了"光粒说"，反而只是忙于庆祝"光波说"所遭受的攻击。

阿拉果真正开始怀疑"光粒说"的时间是他 27 岁那年。"光粒说"认为，光和热、电、磁一样都是由无重量的微粒构成的流体，都会发生反射、折射、双折射等现象；而且对于分子相同的物质，折射率和密度成正比。但是，这一年阿拉果与另一位科学家珀蒂反复测定了光通过许多液体和固体时的折射率，结果根本没发现"光粒说"所宣称的折射率与密度成正比。这时，他还认识到，此前托马斯·杨提出的干涉理论反而能更好地解释光的偏振现象和旋光现象。因此，当两年后无名小卒菲涅耳提出光的衍射理论时，早已是名人的阿拉果和珀蒂予以全力支持，他们用自己的折射实验来努力证明"光波说"的优越性，甚至大胆地与恩师拉普拉斯等权威展开学术辩论。1816年，阿拉果又与菲涅耳一起发现偏振方向互相垂直的两束光线其实并不能互相干涉。这又是一个典型的波动特性，为"光波说"挣得1分。1818年，"光粒说"阵营中的大将泊松催马上阵了。只见他左手持纸，右手握笔，"唰唰唰"就推导出一个严谨的数学定理：如果菲涅耳的光波理论正确，就该在某个特定圆盘的阴影中心出现一个亮点，如今称之为泊松亮斑；否则，"光波说"就是谬论。哪知阿拉果也不含糊，"啪啪啪"，三下五除二，用实验证明这种亮斑确实存在！哇，掌声雷动，"光波说"阵营再得关键的1分。

从此，"光波说"终于从战略防御阶段转向了战略反攻阶段。但是，待到"光波说"最终打败"光粒说"时，已是数十年后的事情了，那时阿拉果早已去世。不过，阿拉果在"光波说"决胜"光粒说"的大战中扮演了关键角色。那时双方一致认为，如果"光粒说"正确，那么光在稠密介质中的传播速度就该更大，否则"光波说"就是正确的。换句话说，"波粒大战"的胜负完全取决于直接比较光在空气、水和玻璃中的传播速度。如何设计出精巧的实验来比较光在不同密度的介质中传播的速度呢？冥思苦想20年后，阿拉果终于在52岁时设计出了判决性实验的雏形。可惜，后来由于动乱和眼疾等原因，该实验始终未能由他亲自完成。弟子们在若干年后实现了他的遗愿，从而直接否定了"光粒说"。书中暗表，从今天的角度来看，"光粒说"和"光波说"都未大获全胜，因为光既是粒子又是波，它具有"波粒二象性"。怎么样，伙计，造化弄人，科学也会与人们开玩笑。

阿拉果在光学方面所经历的剧情大反转其实还远不止此。比如，在开始相信"光波说"后，他就与菲涅耳在光学上进行了长期合作，并取得了许多重要成果。特别值得一提的是，如今戴在菲涅耳头上的那顶闪闪发光的"物理光学之父"的帽子本该同时戴在阿拉果的头上，但是剧情在最后一刻又发生了惊天大反转。这当然不是菲涅耳抢功。原来他俩合作完成了一篇具有划时代意义的论文。该文在"光是一种横波"的假设下，圆满地解释了光的双折射和偏振等现象，并且给出了严谨的理论推导。可是，就在投稿前的最后一刻，阿拉果害怕了，他坦率地向当时初出茅庐的菲涅耳表示自己没有勇气发表光是横波这个观点，并放弃了论文的署名权。无奈之下，菲涅耳只好单独发表此文。后来，这篇论文果然引来了科学界的批评，幸好实验结果支持了这篇论文的观点，菲涅耳才因祸得福。

阿拉果的故事当然不止"光波说"，他在电磁学中也取得过杰出的成就。34 岁那年，当他得悉奥斯特发现了电流的磁效应后，便立即前往拜访。回到巴黎后，他不但重复了奥斯特的实验，还进一步发现通电后的铜螺线管能像磁铁一样吸引铁屑。这显然又揭示了电生磁的另一个重要现象。38岁时，他在著名科学家洪堡的启发下发明了一个如今称为阿拉果盘的神奇玩意儿。它实际上是这样的一个东西：在一根可转动的轴的顶端焊接一个大铜盘，再在铜盘的上方居中悬挂一枚与盘面平行的小磁针。于是，见证奇迹的时刻到了。当快速转动铜盘时，本来毫无关联的磁针也会跟着铜盘缓慢旋转。从今天的角度来看，这显然又是另一种形式的电磁感应，但在当时可不得了。阿拉果甚至因此获得了第二年的科普利奖（那时科学界的最高奖）。后来的事实表明，阿拉果盘在激励后人从事电磁研究方面确实发挥了重大作用。法拉第在其名著《电学实验研究》中称它为"非凡的实验"，并承认自己的电磁感应实验是"圆满地解释阿拉果现象的钥匙"，并在该书中将长达 69 节的第 4 章的标题取为"阿拉果磁现象的解释"。

阿拉果支持科学界的所有新生事物，哪怕它们最初看起来不可思议。他曾积极支持安培完善电磁力理论，并成为安培的早期热心宣传者。在天文学方面，他还支持研究天王星的反常运动，从而导致海王星的发现。

44 岁那年，阿拉果退出科研一线，但仍以多种形式支持科研事业。他接替傅里叶成为法国科学院的终身秘书。他还一直思考如何设计那个判决性实验。也是在这一年，他像父亲当年那样开始了从政生涯，很快成为政界明星。他在 1830 年爆发的法国七月革命初期当选为议员，并积极从事"法国人民推翻复辟的波旁王朝的革命"。众所周知，仅仅几天后，他们就取得了"革命胜利"，推翻了统治法国 240 年的波旁王朝。1830 年 8 月 2 日，查理十世宣布放弃王位，并被军队押解出境，逃往英国。但只过了一周，波旁家族的成员菲力普又于 8 月 9 日被加冕，在宣誓效忠"立宪宪章"后，建立了"七月王朝"。阿拉果 62 岁那年，法国又爆发了二月革命。仅仅几天后，革命者再次取得了"革命胜利"，推翻了"七月王朝"，建立了"第二共和国"，成立了临时政府，阿拉果被委以陆军部长和执委会主席等要职。可是，仅过了 4 个月，法国又爆发了再次让人眼花缭乱的六月革命。不过，这次好像没取得"革命胜利"，阿拉果终于被折腾得精疲力竭了。于是，再也经不起剧情大反转的他宣布退出政坛，并计划彻底完成那个判决性实验。遗憾的是，仅仅几个月后，他的视力突然衰退，几近失明。他只好与那个判决性实验说拜拜。

1853 年 10 月 2 日，伟大的科学家阿拉果卒于巴黎，享年 67 岁。

第十二回

奥斯特的童话多，歪打正着电磁波

本回主角名叫汉斯·克里斯蒂安·奥斯特（Hans Christian Oersted），他与高斯同龄，出生在童话之乡——丹麦。他的这篇小传也很像一篇动人的童话。奥斯特于1777年8月14日生于丹麦兰格朗岛的一个名叫鲁德乔宾的小镇。刚出生时，奥斯特像一只丑小鸭。他的家庭贫寒，父亲是一位平凡的药剂师，在穷乡僻壤里勉强经营着一个小药铺。他生活的小镇甚至没有一所正规学校，奥斯特等小朋友只能跟着镇上的"孔乙己"们胡乱学些"之乎者也"之类的知识，反正有什么就学什么，既不考试也不交学费，乐得大家都轻松。奥斯特的那口流利的德语就是从某位德国巫师那里免费学来的。12岁时，奥斯特不得不帮父亲制药，因此他也学了一点基础化学知识，并从此迷上了这门学科。书中暗表，尽管如此，奥斯特的丑小鸭之家还是飞出了不少白天鹅。他的哥哥带头考入了著名的哥本哈根大学，攻读法律专业。弟弟后来当上了丹麦总理。他的妹夫后来成为挪威最高法院的首席大法官，妹妹的儿子也两度成为挪威国防部长和奥斯陆市市长。

当然，丑小鸭之家飞出的最大的白天鹅就是奥斯特自己。他在17岁时飞出了那个穷山沟，以优异成绩考取了哥本哈根大学的免费生，攻读理化专业和药物学。他也对哲学产生了浓厚的兴趣。大学期间，奥斯特的经济来源主要依靠课外当家教。19岁时，奥斯特获得了哥本哈根大学的药理学学士学位，22岁时，他以"康德哲学思想与自然科学"为题，完成了博士学位论文，获得哲学博士学位。23岁时，奥斯特成了一名大学讲师，同时在一个医学院教授经营的药铺里兼任配药师。

1801年，奥斯特发表了一篇科学论文，描述了他发明的一种新电池以及一种计算电流量的新方法。为此，他获得了丹麦政府提供的一笔为期三年的游学奖学金。于是，他便前往德国和法国，并在那里一直待到1803年。在此期间，他在柏林遇到了一位优秀的物理学家里特，两人很快就成为莫逆之友。里特深信，在电场与磁场之间隐藏着某种物理关系。奥斯特也觉得这个想法有道理，于是便开始有意朝这个学术方向发展，随时关注相关事项。这再一次表明灵感真的属于有准备的头脑。在德国，奥斯特还受到了哲学家谢林的影响。后者认为，自然界是统一的，科学家应努力寻找自然界的理论，而不是用实验来研究自然界的孤立部分。奥斯特虽然吸收了谢林的科学哲学思想，但他不同意谢林对实验的轻视。作为一名药剂师，奥斯特深知实验的重要性。

1803年奥斯特回到哥本哈根后，本想在某所大学寻求一个物理教职，但未能如愿。所以，他开始私人授课，收取学费。由于奥斯特具有教书天分，其讲座很受欢迎，报名者蜂拥而至。有时，他一天讲课不得不超过5

小时，生意确实不错。1804 年，丹麦政府继续资助他的研究工作。当时，他的研究领域是电学和声学。事实表明，奥斯特的教学和科研能力都很强。1806 年，29 岁的奥斯特被哥本哈根大学聘为物理和化学教授。在他的努力下，哥本哈根大学发展出了一套完整的物理和化学课程，并建立了一系列崭新的实验室。

1814 年，37 岁的奥斯特在哥本哈根迎娶了自己的白雪公主——一位牧师的女儿贝伦。他们生育了 7 个子女，其中包括 3 个儿子和 4 个女儿。

奥斯特最大的科研成果就是他意外地发现了电流的磁效应，其传奇性一点也不亚于那位公主突然间把青蛙吻成了王子。1819 年冬季到 1820 年春季，奥斯特开设了一个电学与磁学方面的公开科普讲座。1820 年 4 月的一天，就在讲座即将结束时，奥斯特在课堂上抱着试一试的态度，做了一次即兴实验。他把一枚细磁针悬在玻璃罩中，然后让一根电线从玻璃罩的旁边经过。以往磁针都与电线垂直，这次他却让磁针与电线平行。当着众人的面，奥斯特接通了电源。这时他发现磁针竟然微微摆动了一下！由于实验电流很小，磁针的摆动不明显，观众并没在意，而奥斯特大喜过望。据说他当时高兴得在讲台上摔了一跤。只有他知道这是人类第一次有意识地发现了电与磁的关系，这也是他一直在苦苦寻找的电流磁效应！

为了更加严谨，奥斯特随后又花费了 3 个多月时间，将该实验重复了许多次，发现磁针在电流周围都会偏转，在导线的上方和下方时，磁针偏转的方向刚好相反。即使在导线和磁针之间放置非磁性物质（比如木头、玻璃、松香和水等），也不会影响磁针的偏转。1820 年 7 月 21 日，奥斯特写成了题为《论磁针的电流撞击实验》的实验报告，该报告仅有 4 页，不含任何数学公式，也没有示意图，只是朴素地讲述了实验装置和 60 多个实验结果。最后，他从实验中总结道：电流的作用仅存在于载流导线的周围，并沿着螺线方向垂直于导线；电流对磁针的作用可以穿过各种不同的介质；作用的强弱既取决于介质，也取决于导线到磁针的距离和电流的强弱；铜质细针则不受电流作用的影响；通电的环形导体相当于一个磁针，具有两个磁极。

至此，奥斯特正式向世人宣告：人类首次发现了电流的磁效应。一石激起千层浪！大家本来以为毫不相关的两种现象竟有这样奇妙的联系，电和磁这两条古老的河流竟在奥斯特这里汇合了！奥斯特的发现立即轰动了全球学术界，大批重要实验成果相继出现。仅仅两个月后，安培就发现了电流间的相互作用，阿拉果制成了第一块电磁铁，施魏格发明了电流计。约 10 年后，法拉第用实验发现了与奥斯特所发现的现象相反的现象，即改变磁场也会产生电流。再后来，麦克斯韦发展出了麦克斯韦方程式，正式将电和磁合而为一。总之，该发现确实是近代电磁学的突破口，此后各国科学家纷纷转向电磁研究，甚至由此开辟了物理学的新领域——电磁学。针对奥斯特的这一重大发现，法拉第给出了如下精彩评价："它猛然打开了一扇科学大门，那里过去曾是一片漆黑，如今却充满了光明。"安培也写道："奥斯特先生已把他的名字和一个新纪元永远联系在一起了！"

奥斯特的发现确实很像童话。自古以来，电和磁这对冤家把科学家和哲学家们折腾得死去活来。它们一会儿好像同源而异出的孪生兄弟，一会儿又好像水火不容的魔道天敌。早在古希腊时期，泰勒斯就曾把电和磁混为一谈，认为摩擦琥珀吸引草屑和磁石吸引铁片都是因为"有灵魂"。公元1600 年，英国御医吉尔伯特纠正了泰勒斯的错误，指出电和磁是两种不同的现象。自那以后，在人们的心中，磁就是磁，电就是电，两者互不相关。

1786 年，康德在其名著《自然科学的形而上学基础》中提出了一种全新的见解，认为世上只有两种基本力，一是引力，二是斥力。他还认为，自然界的其他力（如电、磁、热、光和化学亲合力等）都只是这两种基本力在不同条件下的转化而已。就在奥斯特取得这个重大发现的前一年，著名科学家库仑还断言"电和磁从本质上看就不是一回事，也不可能相互置换"。安培和毕奥等物理学家也认为电和磁没有任何联系。那时确有许多人做过实验，试图寻求电和磁的联系，结果都失败了。总之，关于电和磁的关系，科学家说"No"，而哲学家说"Yes"。那么，到底听谁的呢？当然只好听童话作家的了，这个童话作家就是奥斯特。

奥斯特的发现其实压根儿就不是童话，因为大自然是不会说谎的。早在 1681 年 7 月，一艘商船在大海上遭雷击后，船上的 3 个罗盘全部失灵，其中两个被退磁，另一个的指针南北颠倒。又有一次，意大利的一个商店被闪电击中后，人们发现刀叉被磁化了。据说富兰克林在做放电实验时也意外发现钢针被磁化了。由此可见，电确实既能使金属消磁，又能把金属磁化，电与磁之间肯定有关系。别忘了，奥斯特可不是正宗的自然科学家，他其实是哲学科班的毕业生，更是康德的忠实粉丝，甚至他的博士论文都在为康德点赞。因此，他当然坚信康德的自然哲学观，即电与磁可以相互转化。他的主要目标是处处留意，找到电与磁的转化关系。这也是在 1820年的公开讲座中，他第一次看见磁针微动时激动得摔了一跤的真实原因，毕竟机会只是留给有准备的头脑嘛。在那次公开讲座之前，奥斯特已做过许多实验，试图发现电与磁的关系，却都未能如愿。可贵的是，奥斯特的探索目标很明确，他从未有过任何动摇。他仔细审查了库仑的论断，发现库仑只考虑了静电和静磁，二者确实不能转化。于是，他猜测非静电和非静磁可能是前提条件，因此，应该把注意力集中在考察电流和磁体的相互作用上。奥斯特还分析了其他失败的实验，他认为在与电流平行的方向上，可能确实没有转化效应。那么磁效应的作用会不会是横向的呢？经过反复实验和失败，他不断缩小包围圈，才最终取得了成就。

无论奥斯特的发现是不是童话，有一点是肯定的，那就是在发现电流磁效应的第二年，后来的童话大王安徒生真的在哥本哈根拜见了自己心目中的英雄、时年44岁的奥斯特。那时的安徒生还仅仅是一个16岁的少年。也许是机缘巧合，也许是命中注定，这两个年龄相差28岁、地位更是天壤之别的人竟然从此结成了忘年交。6年后，当安徒生再次回到哥本哈根时，他每周都到奥斯特家做一次客。即便奥斯特去世后，他也依旧是奥斯特家的座上宾，更包揽了奥斯特家每年圣诞树的装点任务。安徒生曾说过："奥斯特大概是我最热爱的人。"至于奥斯特与安徒生的关系嘛，那肯定比电与磁的关系更复杂。他们是朋友关系，而且很巧的是他俩的名字几乎相同。一个名叫汉斯·克里斯蒂安·安徒生，另一个名叫汉斯·克里斯蒂安·奥斯特，所以，有时他们互相戏称"小汉斯"和"大汉斯"。1829年，安徒生报考哥本哈根大学时，奥斯特是主考官，因此，他们也是师生关系。安徒生还暗恋过奥斯特的小女儿，因此，要不是丘比特的失职，他们也许就是泰山和女婿娃的关系了。总之，安徒生与奥斯特全家有着亲密的关系。

从童话角度看，还有一点也是肯定的，那就是奥斯特确实很早就走进了安徒生的童话。安徒生的童话《两兄弟》就是以奥斯特及其哥哥为原型。此外，安徒生于1845年发表的童话《钟渊》、1848年发表的童话《水滴》和1851年发表的游记《在瑞典》等中都留下了奥斯特的整体自然观的痕迹。在安徒生的影响下，奥斯特也尝试用童话思维来处理科学问题。奥斯特曾猜测，气球将在气象研究中大显身手，以至人类最终将能对任何地方、任何时候的天气进行预报。奥斯特甚至还尝试创作诗歌与散文，他的组诗《飞艇》就是其文学作品的代表。在奥斯特的影响下，安徒生也对科学有了新的认识。安徒生在1853年发表了一篇类似科幻作品的童话《千年之后》，其中居然提到了飞机和横穿英吉利海峡的海底隧道等。总之，安徒生视奥斯特为一位慈祥的、具有鼓舞力的、见多识广的长者和朋友；奥斯特则视安徒生为一位对自己充满敬意的知己、富有奇思妙想的对话伙伴，也是一名用诗般语言宣传自己的整体论自然观的急先锋。一句话，他俩的友谊是科学与人文相互交融的见证。

除了发现电流的磁效应之外，奥斯特其实还创造了其他几个童话。奥斯特像童话中的魔法师一样，于1819年发现了胡椒碱，这是一种闻起来像黑胡椒的化合物。他于1822年精密测定了水的压缩系数，论证了水的可压缩性。他于1823年成功地研究了温差电现象，并改进了库仑的扭秤。他于1825年利用低浓度的钾汞与氯化铝分离出了金属铝。这是人类最早提炼出的铝，本来意味着"首次发现了铝元素"，但可惜的是他提炼的铝的纯度不够高，以至于发现铝元素的荣誉最终给了德国化学家维勒。后人将奥斯特的所有成果整理成了一本类似于《安徒生童话集》的图书，书名叫《奥斯特科学论文集》。该书在他发现电流磁效应后的100年（即1920年）正式出版。这种做法本身难道不也像童话吗？

奥斯特是一位非常重视实验的人。在科研中，他认为"所有科研都是从实验开始的"。在教学中，他曾说："我不喜欢那种没有实验的枯燥授课方法。"也许正是各种教学实验才使他在课堂上热情洋溢，才使他广受听众的欢迎，当然也才成就了他那次史无前例的发现电流磁效应的实验。除了物化实验之外，他还非常重视另一类虚拟实验，即所谓的思想实验。"思想实验"这一名词也是由奥斯特提出的，他是首位明确描述思想实验的现代思想家。19世纪后期，在科学方面的后康德哲学及其演进也主要归功于他的大力促进。

由于思想实验在科学研究过程中的极端重要性，所以下面顺便介绍一些思想实验方面的知识，但愿对大家有用。

严格说来，所谓思想实验就是指科学家在头脑中设计和构造出一套纯粹的、理想化的仪器设备和研究对象，并对其进行纯粹的理想化的实验操作和控制，使得实验对象的某些因素能以绝对简化、纯化、被设定、被限制的形式表现出来，然后通过对这种理想化对象的感知和描述，发现和获取科学事实与自然规律。思想实验之所以被叫作"实验"，是因为它虽是一种在人脑中进行的理性思维活动，但这种思维活动是按照实验的方式展开的。如今，人类的认知活动已越来越远离日常的直观经验和直觉，科学研究活动所需的仪器设备也日益纯化、理想化。所以，常规的物化实验有时无法满足需求，故必须运用思想实验进行某些科学研究。思想实验之所以要依靠想象力（而不是感官）去进行，是因为一般来说，它们都是在现实生活中无法做到的实验。比如，若要求创造一个无摩擦力的地面，这在现实中显然就不存在。

思想实验早在古希腊时期就已出现，阿基米德在研究面积时总是先做思想实验，想象把均匀材料切成一定形状的平面物体，再通过称量测定其面积，这样就对各种关系有了认识，最后从数学上加以证明。公元前5世纪，芝诺用思想实验论证了"飞矢不动"等命题。庄子在《天下篇》中也通过"一尺之棰，日取其半，万世不竭"的思想实验，论证了物质的无限可分性。到了近代，思想实验更变得不可或缺。比如，伽利略的实验大都是思想实验。爱因斯坦对思想实验更加重视，他甚至说："理论的真理在心中，而不在眼里。"

好了，作为本回的结束，下面再将焦点拉回到主角身上。其实，奥斯特的后半生主要在从事自然科学的普及工作。他也是一位卓越的讲演家、教育家和社会活动家。1824年，他倡议成立了丹麦科学促进协会，创建了丹麦第一个物理实验室。1829年，他创建了丹麦技术大学，并担任该校的校长，直到去世。

1851年3月9日，奥斯特在哥本哈根病逝，享年73岁。为了纪念奥斯特在电磁学方面的开创性贡献，国际上从1934年起命名磁场强度的单位为"奥斯特"。为了鼓励更多的科学家像他那样重视物理教学，从1937年起，美国设立"奥斯特奖章"，以表彰优秀的物理教师。从1908年起，丹麦科学促进协会设立了"奥斯特奖"，以表彰杰出的物理学家。

第十三回

父死妻亡弃荣华，安培遇难成大家

有时候，历史真是惊人地相似。中国的宋朝虽然持续了300多年，且整体上属于当时全球科技最发达的国家之一，但是顶级科学家真正扎堆的时期是宋末元初的短短数十年。更奇怪的是，待到元朝真正建立，天下大治后，科学家又突然集体消失了。实际上，若稍加统计，就会发现当时在中国够得上全球顶级科学家的人物（比如唐慎微、宋慈、李冶、朱世杰、秦九韶、杨辉、郭守敬、赵友钦等）要么出自摇摇欲坠的南宋，要么出自早被金朝占领的原北宋地区。过去都说"乱世出英雄"，难道"乱世也出科学家"？

宋朝之后500多年，历史又重演了。只不过这次的时间是18世纪中叶，即由法国大革命引发的连续20余年的天下大乱。在此期间发生的改朝换代更令人眼花缭乱了，一会儿是革命政府，一会儿是拿破仑独裁，一会儿又是王朝复辟。仅革命政府统治的短短5年间又分为君主立宪派统治期、吉伦特派统治期、雅各宾派专政期和热月党人统治期。这次的地点是法国。若稍加统计，就会发现当时全球的大部分顶级科学家（比如库仑、拉瓦锡、拉马克、拉普拉斯、居维叶和本回的主角安培）都出自这个时期的法国。无论是此前200多年的波旁王朝稳定期或此后的和平期，法国都没出现过如此多的顶级科学家。更奇怪的是，在这个时期的科学家中，凡出生于前朝贵族家庭者（比如库仑、拉瓦锡、安培等），其生平事迹几乎都是空白。因此，虽对如今的每位初中生来说，安培之名耳熟能详，但是待到我们真要为他撰写小传时才发现难上加难。好不容易费尽了九牛二虎之力，通过各种推理和大数据挖掘办法，才总算勉强凑齐了相关素材。

本回主角名叫安德烈·玛丽·安培（André Marie Ampère），听起来很像个女孩，却是个男孩，其姓名中的"玛丽"两字可能是为了纪念某位女性长辈，很可能是他妈妈，因为自始至终，他的妈妈都没露过面，更无任何信息。

1775年（乾隆四十年）1月20日，安培生于法国第三大城市里昂。用俗话来说，他是在错误的时间出生在了错误的地点。当年的世界可谓极不太平。一场特大海啸几乎将葡萄牙里斯本夷为平地。美国全境都在打仗，莱克星顿的枪声拉开了独立战争的序幕。俄国在平乱，经叶卡捷琳娜二世批准，普加乔夫等4人被处决于莫斯科。中国在平叛，乾隆命令班第和永常分兵两路平定准噶尔部首领达瓦齐的叛乱。法国表面平静，其实早已危机四伏。路易十五当政期刚于上年结束，国民极度不满，国王的统治不断遭到抨击，启蒙运动开始，涌现了伏尔泰、孟德斯鸠、卢梭、狄德罗等一大批思想开明的人士，天赋人权、君主立宪、主权在民、三权分立等思想应运而生，并且日益深入人心。1774年继承王位的路易十六愚蠢地采取了诸如增税、限制新闻出版等行动，甚至关闭了国民议会，宣布它非法。

形象地说，安培诞生在了一个即将爆炸的火药桶上。更可悲的是，安培的父亲终生辛劳，省吃俭用，为人诚实，终于挣得了一份不小的家业，拥有了自己的丝绸店。那位读者奇怪了，他老爸有钱不是好事吗？咋说可悲呢？唉，一言难尽呀！在那时的法国，有钱就是罪，更是被革命的对象。在后来的革命时期，他老爸与许多前朝精英一样，统统被送上了断头台。客观地说，他老爸确实死得很冤。作为自主创业的"富一代"，他在前朝也只是"三等人"，全无政治地位，向来被贵族们歧视。

安培的童年非常幸福。父亲拿他当心肝宝贝，在生活上予以精心照顾，在教育上尽心尽力培养他。也许老爸有一个心愿，那就是自己这一辈子白手起家，总算甩掉了"穷"帽子，因此他希望儿子再接再厉，把"贱"帽子也甩掉，最终实现家族的"富贵梦"。所以，老爸对儿子的培养特别在意，在很早就发现安培才智出众，尤其是记忆力特别强。于是，他便亲自辅导安培学习拉丁文。拉丁文在当时是上层人士必修的语言，任何人无论多富有，若不懂拉丁文，就会被上层社会嘲笑。老爸又发现安培的数学天赋也很高，于是自己又赶紧补课，现学现卖，成了儿子的数学老师。后来，儿子的兴趣越来越广泛，他对历史、旅行、诗歌、哲学及自然科学等都有兴趣。老爸这个教师就实在不能胜任了！于是，聪明的老爸就重点培养儿子的自学能力，随时对其学习兴趣给予表扬和肯定。这一招果然厉害，安培自从被引上自学快车道后便一发不可收拾了。他读的书越来越多，内容越来越广泛，读书的速度越来越快，融会贯通的能力也越来越强。高兴得合不拢嘴的老爸赶紧不惜重金到处买书，在很短的时间内就给儿子建起了一个藏书丰富的私人图书馆，让他尽情地博览群书。

安培的老爸还做了一个看似不负责任而实则很英明的决定，他同意儿子辍学回家。原来安培上学后很快就发现教材太简单，同班同学的知识水平太低，老师讲课太肤浅，甚至老师的知识面也太窄。若继续待在学校里读书，无异于浪费时间，还不如回家自学呢。得知儿子的打算后，老爸立即表示支持。所以，纵观安培的学历，他几乎未接受过像样的正规教育，但是他的文化水平一点也不低。拿数学来说吧，他10岁前就开始阅读布丰的《自然史》，并学懂了欧几里得几何学，接着便开始直接研读欧拉与伯努利的拉丁文原著；12岁时开始学习微积分；13岁时发表了第一篇数学论文，论述了螺旋线的相关性质；14岁时钻研了狄德罗和达兰贝的《百科全书》；18岁时已能重复拉格朗日《分析力学》中的某些计算了。功成名就后，安培回忆说，他的所有数学知识都来自18岁前的自学。

在自学过程中，安培非常投入，特别是在思考问题时经常陷入忘我的境地。虽不知他是否会像传说中的陈景润那样，撞到电线杆后还说"对不起"，但是坊间确实长期广泛流传着有关安培的三个书呆子故事。

故事一说，有一次安培在街上赶路，他走着走着，突然来了灵感，想出了一个数学问题的算式，但又没地方演算。正着急时，突然看见前面有块"黑板"，于是赶紧拿出随身携带的粉笔，迅速计算起来。哪知那块"黑板"是马车的厢背。马车走动了，他也跟着走，边走边写。马车越来越快，他就跑了起来，一心想要完成公式的推导。直到实在追不上马车时，他才大叫道："别带走我的公式！"满大街的行人笑得前仰后合。第二天，安培就登上了报刊新闻，新闻题目叫"车厢做黑板，安培拼命赶"。

故事二说，有一次安培思考问题时又着魔了，他一边走一边想。经过塞纳河时，他随手拣起一块鹅卵石装进口袋里。过了一会儿，他又从口袋中将它掏出来扔到河里。回家后，他掏怀表看时间时，拿出来的却是一块鹅卵石。原来，怀表已被他扔进塞纳河了。

故事三说，安培为了专心思考问题，不受访客打扰，常在门上贴一张纸条，上书"安培先生不在家"。有一天，安培外出散步思考问题时，突然想起某事，便折返回家。待到在自家门口看见"安培先生不在家"的字条时，他竟说："哦，原来安培先生不在家，那就算了吧！"他说完就离开了。安培竟然忘记了这是他自己的家，他自己就是安培啊！

虽不知上述三个笑话是真是假，也不知它们发生在何时何地，此处原样奉上吧，但大家很快就要笑不出来了。

大约是在安培19岁时，法国大革命爆发5年，法国进入了恐怖期。如前所述，深爱安培、同时也被安培深爱的老爸竟被莫名其妙地斩了首，家产也被没收。面对这个晴天霹雳，当时安培就昏倒在地，不省人事。从此，安培一下子就从天堂跌进了地狱。每每想起父亲的冤情，他就忍不住号啕大哭，痛不欲生。夜深人静时，他才敢呆呆地望着月亮，反复质问："为什么，为什么，我们只不过是守法商人和书生呀，到底犯了啥王法？"面对父亲的遗像，安培想起童年的美好时光，更是泪流不止。但是，生活总得继续，擦干眼泪后的安培慢慢抬起了头，挺起了胸，勇敢地迎接着命运的打击。

其实，对这时的穷光蛋安培来说，经济上的艰难还不算最苦。他毕竟年轻力壮，有的是蛮劲儿，哪怕是纯粹卖苦力，也能暂时混碗稀饭吃，不至于被饿死。最苦的则是政治上的压迫，处处被人鄙视，任由街坊四邻随意欺负打骂，而且不敢有半点反抗，否则必招来更加严厉的惩罚。

在这水深火热之中，安培生不如死。他熬呀熬，熬过一天，熬两天；熬过一月，熬两月；熬过一年，熬两年。1796年，一位化名为"利斯"的善良姑娘抛开世俗偏见，勇敢地接近了安培。安培苦闷时，她与他聊天；安培生病时，她予以精心照料；安培生活困难时，她大方接济；安培被别人欺负时，她更是"路见不平一声吼，该出手时就出手"。刚开始时，安培对这位美丽的姑娘只有感激，不敢有任何非分之想，更不敢奢望成为夫妻。

1799年，拿破仑通过雾月政变成为了法兰西第一共和国执政官。紧接着，拿破仑进行了多项军事、教育、司法、行政、立法、经济等重大改革；其中最著名且到200年后依然有深远影响的改革就是颁布了《拿破仑法典》。政变结束后的第三周，拿破仑向法国人民郑重发布公告，自豪地宣称："公民们，大革命已回归其初衷了，大革命已结束！"从此，断头台不再用来对付前朝精英了。拿破仑特别重视知识，尊重人才。一句话，安培这样的人被彻底解放了。也正是在1799年这一"农奴翻身"之年，安培喜事连连。一来，他凭自己的本事，终于在里昂的一所中学谋得了一个教师职位，生活有了基本保障。二来，他终于与苦苦相恋的那位姑娘结成了眷属。

夫妻二人在患难中相识，贫困中相知，逆境中相助，当然就更加情深义重。1800年，安培与妻子的爱情终于有了结晶：他们生下了一个白白胖胖的宝贝儿子！顿时，安培沉浸在无限的喜悦中。他更加努力地工作，决心要让母子俩永远享受幸福生活。妻子非常支持安培的科研活动，再加上安培才智非凡，所以，他的科研成果越来越多，在法国的学术地位也不断提高。1801年，安培被里昂海格大学聘为物理学与化学教授。1802年2月，他再被布尔格中央学校聘为教授。同年4月，他发表了一篇论述赌博的数学论文，显露出了极好的数学根底，引起了科学界的注意。1803年左右，里赛大学授予他博士学位。1804年，他又进入拿破仑创建的法国公学任职。由于其出众的科研表现，安培俨然成了香饽饽，许多大学和科研机构都争相给他发出聘书，邀他前往就职，所提供的待遇和条件一个比一个好。他甚至被评选为英国皇家学会会员。

可是，就在事业扶摇直上时，1804年刚刚从丧父的悲痛中缓解过来的安培又遭受了更致命的打击。他的爱妻突然去世了！天啦，安培的精神支柱彻底垮了！

安培在一生中最爱爸爸和妻子两个人，同时他也是这两个人的最爱。可是，他们都过早地死于非命！怀着巨大的悲痛，安培把妻子安葬在爸爸的墓旁，还栽种了常青树，以示永远纪念。从此，安培不问世事，一心扑入科学的怀抱，希望以杰出的科学成就祭奠爸爸，祭奠爱妻！

化悲痛为力量后的安培离开了里昂这个伤心地，前往巴黎理工学院任职。安培在科学天地里果然势不可挡。1808年，他被任命为帝国大学总学监。1814年，他当选法兰西科学院院士。1819年，他受命主持巴黎大学哲学讲座。

1820年9月11日，在法兰西科学院的一次学术会议上，有人公布丹麦物理学家奥斯特刚刚发现了电磁效应（当电流通过导线时，导线周围的磁针会发生偏转）。安培马上集中精力研究这个现象，他将直导线换成环形线圈进行实验，结果发现当电流通过线圈时，由于受到磁力作用，线圈也会发生偏转。经多次精心实验和测定，安培进一步发现载流线圈运动的方向由电流的方向和磁极的位置决定。于是，在几周内，他就提出了著名的安培定则，即右手螺旋定则。在随后的几个月内，他又连续发表了3篇重要论文，设计了9个著名实验，以数学形式更精确地总结了载流回路中电和磁之间的运动规律。这便是著名的安培定律，是今天中学物理教材中的必修内容。安培的这个理论后来启发麦克斯韦最终创建了电磁理论。

1821年，安培基于运动电荷产生磁的观点，正确地解释了地磁的成因和物质的磁性，并提出了著名的分子电流假说。构成磁体的分子内部存在一种环形电流，被称为分子电流。它使得每个磁体分子成为一个小磁体，其两侧相当于磁极。在通常情况下，磁体分子的电流方向是杂乱无章的，它们产生的磁场互相抵消，故对外不显磁性。但是，当受到外界磁场作用后，分子电流的方向就大致相同，物体内部分子间的电流作用相互抵消，而物体表面部分分子间的电流作用未能相互抵消，于是就显示出了宏观磁性效果。书中暗表，安培的这个分子电流假说虽在当时无法证实，但在今天已有了实质性内容，成为认识物质磁性的重要依据。今人已知，物质由分子或原子组成，而分子由原子组成，原子中存在着绕核运动的电子。

安培在电磁学方面的成果其实还有不少。比如，他发现了电流相互作用的规律，即电流方向相同的两条平行导线会互相吸引，电流方向相反的两条平行导线则会互相排斥。他还发现电流在线圈中流动时所表现出来的磁性和磁铁相似，并据此研制出了首个螺线管。他接着在此基础上发明了探测和量度电流的电流计。

1827年，安培将他的电磁研究成果综合在专著《电动力学现象的数学理论》一书中，从而完成了电磁学史上的一部重要的经典巨著，对以后电磁学的发展产生了深远影响。在安培的一生中，他虽然只有很短的几年时间在从事物理研究，但他能以独特且透彻的分析论述带电导线的磁效应，因此，他是当之无愧的"电动力学创始人"。此外，他还在数学、力学、光学、化学和结晶学等方面取得了不少成就。他还是一位出色的教育家，培养了许多青年才俊。

1836 年 6 月 10 日，安培以大学学监的身份外出巡视工作时不幸染上急性肺炎，医治无效，于马赛去世，终年 61 岁。

后人为纪念安培，便用他的名字来命名电流强度的单位，简称"安"。

第十四回

穷娃亨利发明多，电磁电感和电波

嘉庆二年（1797年）好像是全球文艺界的丰收年。这一年，奥地利诞生了舒伯特，英国诞生了雪莱，意大利诞生了多尼采蒂，德国诞生了海涅。这一年，当时比较落后的美国也拣了个大宝贝。这一年12月17日，在纽约州奥尔巴尼市的一个"穷 N 代"的人家中，诞生了约瑟夫·亨利（Joseph Henry）。

亨利家的穷根很深，他的祖上本是英格兰的清教徒，但迫于生活压力，只好亡命越洋流浪到北美。到父亲那辈时，情况虽有好转，但他也只是一个卖苦力的小车夫，自然没钱送亨利到城里上学，紧接着亨利的弟弟也降生了。从幼年起，亨利就寄居在乡下外婆家，在那里的小学校勉强读了几天书，其间还得勤工俭学，到商店帮人看摊。不过，在这个"通信基本靠吼，交通基本靠走，看家基本靠狗"的穷乡僻壤里，亨利很快成了十里八村的少年"智者"。原来10岁那年，他与小伙伴捉迷藏时阴差阳错地闯进了教堂的书库。天哪，世上竟有这么多书呀！从此，他经常到教堂蹭书看。无论是小说或剧本，他都如饥似渴，见书就读，一读就是大半天。一来二去，他就成了活字典和义务说书人。大家有啥不懂的地方，尽管向他请教，他保证有问必答，而且口若悬河。

可这"智者"没当多久，父亲就因积劳成疾而撒手人寰。13岁的亨利被迫辍学，开始挣钱养家糊口。他先拜师学了几天钟表修理技术，可这挣钱太慢，出师遥遥无期，而家里还急着用钱呢。后来，他又当了一名琢玉小工，可这挣钱太少，毕竟这个工作的门槛过低，涨薪无望。最后，他总算到一个草台班子跑龙套。亨利身材修长，面目清秀，演技进步神速，能扮演众多角色，因此，他很快就成了剧团的主力，甚至小有名气。他后来转行时，票友们还深感惋惜。这段演员经历对他后来的科学生涯大有帮助，他不但提高了演讲水平，对后来推广自己的思想做好了准备，还锻炼了动手能力，为前半生的物理实验技巧打下了坚实的基础，更增强了领导能力，让后半生的组织管理如鱼得水。

18岁那年，亨利在养病期间首次读到了一本科普书，他顿时就被开篇那一连串铿锵有力的问话惊呆了。是呀，箭矢为啥会沿弧线而非直线飞出呢？火焰和烟雾为啥总是上升呢？蜡烛倒置后火苗为啥不掉到地上呢？月亮为啥真的像是在水中呢？当一口气看完答案后，他忍不住心潮澎湃，热血沸腾，回去后就辞别剧团，决心献身科学事业。多年后，亨利在回忆录中提到这段难忘的经历时还感慨万千。他说道："虽然此书并不深奥，但上帝保佑，它对我的一生产生了巨大影响。"

22岁时，亨利通过自学，被奥尔巴尼学院破格录取，成为班上少见的超龄学生。在这里，他系统地学习了数学、物理和化学等自然科学课程，因为他想今后成为自然科学家。亨利还学习了生理学和解剖学等课程，因为他也想当一名医生，同时研究医学。他还自修了许多其他课程，因为他还想谋得更广的生活出路，毕竟得首先解决经济问题，养活全家人。在学校里，亨利全面发展，深得院长赏识，所以在校期间，他就被聘为助教，帮助院长做些物理和化学实验。三年后，25 岁的他以优异的成绩毕业，并留校任教，当了一名自然科学和数学讲师，从此温饱不再成问题。亨利开始尝试科研工作，在 27 岁时完成了自己的首篇论文《蒸汽的化学和机械效能》。如今看来，该论文虽谈不上创新，但亨利对自己高超的实验技能充满信心。另外，该论文还作为"敲门砖"，帮他在两年后晋升为奥尔巴尼学院的数学和物理学教授，从而让他可以在科学的海洋里毫无后顾之忧地遨游了。与在剧团的经历相似，亨利很快就在电磁学领域呼风唤雨，迅速成为各方仰慕的一代大师。更让人意外的是，成就亨利学术地位的"武林秘籍"竟然只有三个字：破布条！对，就是他从媳妇捐出的旧衣烂被上撕下的破布条。当然文艺青年也可将它美化为哪吒的混天绫。从某些方面看，这破布条还真和混天绫差不多。这到底是咋回事呢？嘿嘿，欲知详情，请读下文。

亨利的成名之路始于他当上教授后的 30 岁那年。这一年，他发现用破布条像缠绷带那样将铜线包成绝缘线后，再用这种绝缘线在一个铁芯上绕两层，最后在铜线中通电，结果这个区区 3 千克重的铁芯竟能吸起 300 千克重的铁块，其磁力远远超过天然磁铁，也超过当时已知的任何其他电磁铁。经反复琢磨后，亨利进一步发现其中的奥秘就是破布条，它将裸线变成了绝缘线，从而可使线圈绕得更密更厚。于是，他开始充分发挥破布条的神奇功效。在 31 岁那年，亨利对此前 8 年英国物理学家斯特金发明的马蹄形电磁铁进行改进，造出了一块当时全球综合性能最好的电磁铁，不但能瞬间改变磁极的磁性，还可调节磁力强度（既能超强地吸起重达1吨的铁块，也能按需减弱，甚至让磁力瞬间消失）。那么，亨利是如何进行改造的呢？嘿嘿，很简单，他将斯特金原来所用的裸线用破布条包成绝缘线，使得相应的绕线更密更厚就行了！真的，这不是开玩笑。亨利明确指出，将绝缘线圈密绕于铁棒表面，通电后就能产生磁力。绝缘线圈绕得越密，磁力就越大；绝缘线圈还可以缠绕多层，且层数越多，磁力就越大。伙计，千万别小看了破布条这一改进，它可为随后爆发的电磁学高潮奠定了基础。电磁波的发现和电磁电报的发明在很大程度上都可归功于破布条，因为它增强了感应电流，才使后人有可能觉察到感应电流的存在。实际上，正是在亨利电磁铁的基础上，法拉第才利用绝缘导线制成了著名的感应线圈。即使在今天，几乎所有电动机和发电机中都少不了亨利的电磁铁，几乎所有电器中都少不了破布条的替代者——各种胶皮和绝缘层。难怪后来英国的电学家焦耳深有感触地说："我们确实得益于美国学者（主要指亨利）在电磁铁方面的创新。"

亨利的代表性成果出现在1830年8月，他发现了一个非常重要的物理现象，那就是即将在一年后由英国物理学家法拉第独立重新发现的电磁感应现象。具体说来，亨利在马蹄形电磁铁的两个磁极间放置一根绕有绝缘导线的条形铁棒，然后把绝缘导线接到电流计上，形成闭合回路。当导线被接通时，电流计的指针便向一侧偏转，然后回到原点；而当导线断开时，指针又向另一侧偏转，然后回到原点。

由于当时的世界科学中心在欧洲而非美国，所以，亨利既不了解电磁学的最新国际动态，也没意识到该发现的重要性，更没积极抢夺优先权。

实际上，他终生都没有兴趣抢夺优先权，也从未申请过任何专利，因为他始终认为"在科学上博得名声只是一种鞭策，只是促使自己更自觉地为科学奉献"，他所需要的唯一报答就是"发现科学真理时的快乐"。看来他确实是在无欲无求地做研究呀！他的电磁感应成果就是在拖延了两年后（其间主要忙于制造强力电磁铁）才发表在 1832 年的《美国科学杂志》7 月号上。他在这里明确指出，电和磁可以相互转化，即通过电流的作用，能在铁棒里产生磁；反过来，在产生磁的铁棒上绕满线圈后，又能感应出电流。接着，他正确地解释了产生电磁感应的原因，即电流主要源于磁力的瞬间通断。书中暗表，如今回头再看，亨利与法拉第虽然都发现了电磁感应现象，但他俩的视角完全不同。法拉第通过磁铁在线圈中的物理运动发现电流，而亨利则通过改变线圈的磁感应强度发现电流。换句话说，他们都最先发现了电磁感应，但他们发现的电磁感应不同，而法拉第发现的电磁感应后来应用更广。

亨利的另一项代表性成果是 1832 年公布的自感实验。亨利发现，绕有不同长度的绝缘线圈的电磁铁会产生不同强度的磁力。后来，他意外发现，通有电流的线圈在断路时会产生电火花，而且线圈越长，电火花越大。他将该现象称为自感应。接着，他通过多达 14 种不同的实验，定性确定了各种形状的导体的自感应强度，还给出了详细的理论解释。正是这些解释在很大程度上启发后人发现和研究了电磁波。哦，对了，从 1832 年起，亨利迁居到普林斯顿，担任普林斯顿大学的物理学教授，在那里工作了 14 年。书中暗表，伙计，千万别小看此处的电火花。它实际上就是一种电磁波，只不过当时大家都不知道，甚至都没有电磁波的概念。据说这个电火花还传出了亨利和法拉第之间的一段佳话呢。1837 年，落后国家的科学家亨利访问了世界科学中心欧洲，并与法拉第成了好朋友。当时，法拉第正在苦苦思索，想要借用电磁方法产生电火花，造出人工闪电，可总也没成功。亨利一看，二话不说，撸起袖子，"啪啪啪"，几分钟就搞定了。实际上，他只是顺手撕了一些破布条，将法拉第的散乱导线包成绝缘线，然后将其密集地绕在铁棒上，再让法拉第按既定方法操作就行了。望着迸发的电火花，法拉第大惊失色，直到亨利解释了自感应现象的原理后，法拉第才恍然大悟，连声赞叹："亨利老弟确实遥遥领先呀！"

从今天的角度看，亨利其实还有一项伟大的发明，只不过当时被包括他自己在内的所有人都忽略了而已。大约在 1842 年，亨利把一个线圈与电流计接通，形成回路，然后在很远处（甚至远到 30 米开外）让一个自感应线圈迸发电火花。当电火花迸发时，电流计的指针竟然发生了偏转。这根本就是一台无线电报机嘛。实际上，这个实验已实现了无线电波的传播，它可比后来赫兹发现电磁波早了 40 多年哟！

对了，亨利在促进有线电报的发明方面也有功劳。后来莫尔斯和惠斯通电报机中的重要部件之一便是亨利发明的继电器。它能不断加强电信号，使信号像接力那样在线路中进行传输，从而解决了信号衰减问题。在电磁学方面，亨利还改进过一种原始变压器，发明过一种形似跷跷板的原始电动机。此外，在物理学的许多其他领域，如辐射热、气象学、磁光现象、分子物理学、地球物理学和金属扩散现象等方面，亨利也取得过重大成果。在美国科学史上，亨利还有一个不可替代的重要作用，那就是他的成功既增强了美国人的自信，也改变了欧洲人对美国的偏见。

从 49 岁起，亨利进入了自己人生的下半场，主要从事科学管理工作，甚至成了美国科学院院长。他在此期间的业绩也很突出，甚至为后来美国科学领先世界奠定了基础。比如，他组织建立了全球首个电报气象系统，试制了全球最先进的水运大雾信号系统。在南北战争期间，他作为林肯总统的主要技术顾问，为赢得美国的统一立下了汗马功劳。

1878 年 5 月 13 日，亨利在华盛顿逝世，享年 80 岁。这时，美国的领先趋势已初露端倪。这一年，全球首个电话交换局在美国成立，美国进入电子通信时代。也是在这一年，中国总算进入邮政通信时代，首套"大龙邮票"正式发行。为纪念亨利的杰出贡献，后人将电感的单位称为"亨利"，简称"亨"。这也是美国人首次享受此类殊荣。

第十五回

法拉第虽无文凭，穷小子却有水平

伙计，你信吗？有这样一个小学生（准确地说是小学辍学的学生）竟成了当时最顶尖的物理学家，他在电磁场理论方面的突破改变了人类文明，至今他还被称为"电学之父""交流电之父""人类十大杰出物理学家之一"。看来，水平与学历还真不是一回事！还有这样的一个伟大发明家，他制成了人类历史上首台发电机和首台电动机，并拥有多项实用发明，其中任何一项都可使他瞬间成为暴发户。但是，他从未申报过专利，从未发过财，以至英国首相都过意不去，主动给他涨工资，结果还被他拒绝。女王要授予他爵士头衔，也被他婉拒，因为他只想当平民。他退休后，要不是维多利亚女王恩赐他一套免租房，他可能连晚年的生活都没着落。伙计，此处所说的这两位其实是同一个人，当时英国的国宝级科学家。他就是英国物理学家、化学家、史上最著名的自学成才的科学家之一，他的名字叫作迈克尔·法拉第

（Michael Faraday）。看来，财富和价值也不是一回事！

1791 年 9 月 22 日，法拉第生于英国萨里郡纽因顿。作为家中略带口吃的老三，他上有一个哥哥和一个姐姐，下有一个弟弟和一个妹妹。由于妈妈没工作，家里的全部收入都来自爸爸的铁匠铺。本来打铁需得自身硬，可爸爸偏偏又体弱多病，所以，家里的生活非常拮据，仅能勉强维持温饱。但是，父亲非常重视品德教育，要求子女们勤劳朴实，别贪图金钱地位。这对法拉第的思想和性格产生了很大的影响。在他 5 岁那年，由于交不起房租，爸爸只好带着全家搬到一个贫民窟。虽然环境很差，房子摇摇欲坠，但全家人仍然是你爱我，他爱我，我也爱大伙。冬天太冷，大家就挤在打铁炉旁，挤啊挤，乐啊乐，哪里快乐哪有我。夏天太热，屋外更是臭气冲天，苍蝇多，蚊虫多，大家却平平淡淡照样过。总之，任由浊水到处流，正义在我心头坐；无烦无恼无忧愁，金钱地位皆参破。9 岁时，爸爸勒紧裤带送法拉第去某个私立小学读书。一年后，他家确实交不起学费，只好转入公立小学。又过了一年，爸爸发现家里仍然养不起"秀才"，终于只好认命，忍痛让儿子辍学，从而结束了法拉第的全部学校生涯。

法拉第既然是穷人的孩子，当然就得早当家。12 岁时，法拉第便开始挣钱养家，在一家书店当报童。伙计，当时的报童可不是卖报。因为那时的报纸很贵，普通人买不起报纸，只能租报看，因此，报童的工作就是背着近期的报纸，按预约时间到租户家，然后在室外等着对方读报。到时间后，报童再取回报纸，送到下一租户，如此反复。法拉第很快就发现报童其实是免费的报纸租户。于是，当租客在自己家里读报时，法拉第便在室外一边读报一边给租客计时，而且遇不认识的生字时，还可向租客请教，对方常常会热情帮忙。一来二去，法拉第喜欢读书的名声就传开了，租他报纸的客户也越来越多了，因为租客们都很喜欢这个报童，并亲昵地称他为小书虫。

书店老板也很喜欢这个小书虫。老板发现这个小书虫的记忆力特别好，读报速度很快，几乎过目不忘，还特别能吃苦，人品也很好。于是，法拉第便被幸运地录取为书店学徒，享受了免交食宿费等特别优惠。书店学徒的主要任务就是对店中已破损的书报重新进行修补和装订，然后再上架，反复租售，或为顾客提供书报装订和修补服务，所以有机会接触文人墨客。小书虫心灵手巧，干活速度快，而且质量高，一个人能干几个人的活。所以，他在闲暇时就成了店中名副其实的书虫。他贪婪地读着书报，每当读到好句子时就立即抄录下来，碰到好插图时就赶紧画下来，遇有不懂的地方时就凝思静想，有所收获时就欣然而笑。即使下班了，他还留在店里，不知疲倦地读书。书店老板见他如此痴迷，也产生了怜爱之情，只要不影响工作，就尽量为他读书提供方便。据法拉第后来的回忆，对他一生影响最大的两本书《化学漫谈》和《大英百科全书》就是在这个阶段读的。这个小书虫不但认真研读了这两本书的内容，而且利用从药铺等处捡来的瓶瓶罐罐等废品，做了书中介绍的许多实验，比如用玻璃在毛皮上摩擦产生电，将铜和锌泡在盐水中制造伏打电池，用电池将水分解成氢和氧。这些实验不但激发了他对科学的兴趣，也大大增强了他的实验能力，为随后成为著名化学家戴维的助手埋下了重要的伏笔。

已是满腹经纶的法拉第不再满足于闭门自学，他开始盼望与高手"华山论剑"。机会来了！有一位名叫塔特姆的人在家中举办了一系列收费的学术报告，主题是自然哲学。在哥哥的资助下，从1810年2月到1811年9月，法拉第连续报名，参加了十数次学术报告，大有茅塞顿开之感：原来科学如此精彩！法拉第愣是根据记忆，辅以查阅店中的书籍和总结自己的体会，将该系列报告的内容整理成了完整的课堂笔记，并装订出精美的《塔特姆自然哲学演讲录》，然后恭恭敬敬地送给书店老板，作为店中租售的新书。也许是命中机缘吧，这本书的首位租客竟是老主顾、英国皇家学会的当斯先生。当得知这本书的来历后，当斯先生被法拉第的勤奋精神所感动，决心为他创造更多的学术机会。非常幸运的是，当时英国著名化学家戴维将在附近的英国皇家学会做系列科普报告，但票价太贵，法拉第和他的哥哥只能"望票兴叹"。当斯先生反而很高兴，因为他终于可以实现自己帮助法拉第的心愿了。于是，当斯先生毫不犹豫地送给了法拉第一整套听讲票。

1812 年 2 月 29 日是法拉第盼望已久的重要日子。他怀着难以形容的虔诚心情，忐忑不安地走进了英国皇家学会金碧辉煌的报告大厅。从那天开始，他将连续四次亲耳聆听戴维教授的科普报告。在法拉第的心中，戴维一直是伟大的偶像。那时的戴维已是英国皇家学会的灵魂人物。更重要的是，在法拉第的心中，戴维才是自己的榜样，因为戴维同样是苦孩子出身，同样没受过正规教育，但他依靠勤奋和天赋取得了巨大的成就。听罢偶像的讲座后，法拉第热血沸腾。他不但对科研的信心倍增，而且制订了明确的目标，准备进入英国皇家学会，为科学奉献终生！

作为一名连小学都没毕业的书店学徒，他竟然梦想进入英国科学中心，这无异于癞蛤蟆想吃天鹅肉！但是，法拉第就是法拉第，对于自己认定的事情，无论看起来多么不可思议，他也要"尽人事，尊天命"。于是，他一次次给英国皇家学会写信自荐，一次次石沉大海。他见写信无效时就发挥书店与英国皇家学会邻近的优势，经常去英国皇家学会的大门口碰运气，希望"天上掉馅饼"。虽然书店老板和当斯先生等老主顾也想帮助这位好学的小伙子，但他们毕竟心有余而力不足。转眼间就到了1812年10月，法拉第可以出师了，今后怎么办？继续留在书店当师傅？当然没问题，老板也是求之不得。此时的法拉第只想进入英国皇家学会，可经各方长期努力，全都毫无进展。一筹莫展之际，法拉第急中生智：何不直接向偶像戴维教授求助呢？于是，21岁的法拉第"故伎重演"，他奋笔疾书，经过大约两个月的努力，将听过的戴维教授的讲座整理成了一本超过380页的《戴维爵士演讲录》。然后，他将它装订成册，于1812年底作为圣诞节礼物寄给了戴维教授，并附上了一封自荐信。这一招果然很灵！戴维教授收到该礼物后，先是一惊：自己何曾写过此书？读罢后，他便是一喜：记录者还真不错，自己只讲了区区4小时，记录者却举一反三，整理出厚厚一大本。这至少说明对方确实听懂了。接着，他就是一震：这个法拉第的身世咋就像自己呢？于是，他的怜悯之心油然而生。最后，伟大的科学家戴维竟然亲笔给小人物法拉第回信，约定面谈。

1813年1月的某一天，法拉第终于与戴维教授如期相见了。他俩谈了很久，也谈得很投机。当知悉法拉第的最大愿望就是到英国皇家学会工作且"不管干啥都行"时，戴维深受感动，表示一定尽力帮助法拉第实现其愿望。两个月后，英国皇家学会批准了戴维的特别申请，让时年22岁的法拉第担任其助手，不但提供25先令的周薪，还免费解决住宿问题。从此以后，法拉第便紧跟自己的贵人，开始了成就卓越的科学生涯。法拉第勤奋好学，做事主动，很有悟性，一点就通，因此大受戴维的器重。戴维对法拉第加以精心指导，百般关照，甚至视如己出。在随后十几年间，他俩虽也出现过误会甚至矛盾，但从总体上看，他们确实共同谱写了一曲人间少有的"双雄赋"。戴维在晚年被问及"终生最大的成就是什么"时，他竟脱口而出："发现了法拉第！"

近朱者赤，近墨者黑。跟在科学巨匠身旁，不但随时处于科研前沿，还有大把机会展现自己的才华。刚刚报到半年多后，1813年10月法拉第就抓到了一次难得的机会：表面上以仆人身份陪同戴维夫妇到欧洲旅行，实际上则是以科研助手的身份陪同戴维一起去做学术访问。在此期间，他不但要面见许多国际顶尖学者，而且要协助戴维做许多化学实验。所以，他随身携带了众多实验仪器，当然也少不了观光和疗养，大开眼界。由于法拉第特别重视这次活动，甚至将它视作自己的科研彩排，所以，他自始至终都以科学家的态度对沿途所见所闻进行了认真观察、冷静分析和客观记录。

1813年11月3日，法拉第陪同戴维在巴黎拜会了大名鼎鼎的安培和吕萨克，亲眼见证了大师们是如何瞬间碰撞出灵感火花和严谨论证重大成果的。在对安培等提供的一种紫黑色的、貌似金属的物质连夜进行电解之后，戴维在法拉第的协助下，又经半个多月的紧张确认，终于实现了一个伟大的科学突破：发现了新元素碘！

1814年3月10日，他们到了意大利名城佛罗伦萨，偶然发现坚硬无比的金刚石竟能燃烧，冒出了蓝紫色火苗，释放出了二氧化碳。于是，在法拉第的协助下，戴维经多次实验确认，又宣布了一项重大科学发现：金刚石其实就是碳！这样，法拉第陪伴戴维进行了一年多的、颇有成效的欧洲学术旅行。他们在1815年5月回到了英国皇家学会。至此，科研的神秘面纱在法拉第面前就不再神秘了，他对未来充满信心。

从欧洲旅行回来后，法拉第简直就像打了鸡血。他在戴维的指导下，以助手兼独立研究员的身份，疯狂地进行着各种各样的化学实验，在短短几年间就取得了一连串重大成果。他在 1816 年发表了首篇论文，1818 年首创了金相分析法，1820 年制得了六氯乙烷和四氯乙烯，1821 年晋升为实验室总监，1823 年发现了氯气等的液化方法，1824 年 1 月当选为英国皇家学会会员，1825 年 2 月接替戴维任皇家研究所实验室主任，同年还发现了苯，等等。其实，这一连串的成果远远不是法拉第的全部成就。

1821 年 6 月 12 日，法拉第与萨拉结婚。萨拉不懂科学，但是这半点也不影响她对法拉第的爱。她富有哲理地说道："科学已令他入迷，甚至已到了剥夺他睡眠的地步，但我非常满足于成为他内心安歇的软枕头。"对法拉第来说，萨拉就是加油站，每当他受挫时，她就会鼓励他继续前行。她也是避风港，在任何恶意攻击面前，只要妻子勇敢面对，法拉第便无所畏惧。她更是人生导师，当法拉第受到伤害时，她便安慰他道："我们宁愿像小孩，因单纯而受到伤害；也不要像小人，因受到伤害而处处对人设防。"后面的事实也表明法拉第的婚姻是美好的，虽然两人一起经历了贫穷、不孕、失忆症等危机，但这一切使得他们长达 46 年的婚姻更加美满。法拉第在日记中写道："在我的一生中，对喜悦与心理健康最有帮助的就是婚姻。"在晚年所做的最后一场科普演讲中，法拉第这样深情地感谢妻子，他说："她是我一生中第一个爱，也是最后的爱。她让我年轻时最灿烂的梦想得以实现，让我年老时仍得安慰。每一天的相处，都是淡淡的喜悦；每一个时刻，她仍是我的顾念。有她，我的一生没有遗憾。我唯一的挂念是，当我离开之后，一生相顾相爱的同伴怎能忍受折翼之痛？我只能用一颗单纯的心向那位永生的神呼吁：'我没有留下什么给她，但我不害怕，我知道您一定会照顾她，您一定会照顾她。'"

法拉第奉献给人类的最伟大的发明是电动机，它诞生于1821年9月3日。当法拉第发现自己真的实现了电磁转运后，由于过度操劳和兴奋，竟差一点晕倒在地。这一发现意味着人类对电的认识和利用能力向前迈出了实质性的一大步。法拉第的这次成功本该迎来热烈的掌声，但意外受到了众多质疑，因为他的这个实验装置的结构与戴维等的太相似，只不过前人都失败了而已。于是，有人不屑于法拉第的发现，认为他是"瞎猫碰到死老鼠"，更有人谴责他的"剽窃行为"。面对满天流言蜚语，法拉第暗下决心，必须以实际行动证明自己的清白。经过三个多月的埋头钻研，一种结构全新的电动机在1821年的圣诞之夜问世了，法拉第也获得了科学界的一致认可！如今看来，法拉第的电动机虽很简陋，但它对人们的生产和生活产生了翻天覆地的影响。

法拉第一生在化学和物理学两个方面都取得了若干重要成果，本书当然无法也没必要——罗列。但是，他最伟大的成果不得不说，那就是他于1831年9月左右发现磁场的变化可以在导线中感应出电流。形象地说，法拉第又造出了人类历史上首台发电机和变压器。从此，人们终于证实了电与磁的完整的内在联系。回顾历史，法拉第的这次实验无疑是整个19世纪最杰出、最伟大的实验之一。

在随后几年中，法拉第进一步完善了他的电磁学。1837年，他引入电场和磁场概念，指出电和磁周围都存在着场。1838年，他提出电力线概念，并用它来解释电磁现象，这是物理学中的重大突破。1843年，他证明了电荷守恒定律。1845年，他发现了磁光效应，证实了光和磁的相互作用。1852年，他又引入磁力线概念，从而为经典电磁学理论奠定了基础。后来，麦克斯韦在法拉第的基础上，最终完成了电、磁、光的统一大业。

法拉第的代表作是三卷本巨著《电学实验研究》，它综合了作者从1831 年至 1855 年在电、磁、光等方面的研究成果。即使是这样一部高精尖的学术专著，法拉第也写得通俗易懂，语言清新简洁，就像讲故事一样，娓娓道来。这部书的可读性很强，以至于几乎任何一位对科学感兴趣的人都可从中学到知识，受到启发，产生联想。据说，当时英国的发明家都要阅读这部书，该书甚至成为每张实验桌上的必备书籍。法拉第的这部书还激励了一大批青年。若干年后，发明大王爱迪生正是在旧书摊上偶然买到了一本残破不全的《电学实验研究》，才发明了许多造福人类的电器。爱迪生甚至说：购买法拉第的《电学实验研究》是自己收益最大的一笔投资。

法拉第非常热心科普，这也许与他的成长经历有关。成名后，他立即发起了多个系列性的科普论坛。据不完全统计，他以身作则，在"星期五晚间科普论坛"上曾做过 100 多次演讲；在"圣诞节少年科普讲座"上，他的演讲持续了 19 年之久。即使是 1858 年退休后，他仍然坚持不懈。他的科普讲座深入浅出，很受欢迎。连维多利亚女王的丈夫和两个儿子也都是他讲座的铁杆粉丝。

1867 年 8 月 25 日，法拉第在书房中安详地离开了人世，享年 75 岁。遵其遗言，家人未举行任何葬礼。后人在牛顿的墓地附近为他树立了一块纪念牌。

第十六回

焦耳楞次显神威，能量守恒树丰碑

伙计，无论你是"学渣"还是"学霸"，只要学过中学物理，那么焦耳和楞次这两个名字对你来说都不陌生。实际上，"学渣"曾被它虐过千万遍，"学霸"却始终待它如初恋。不信你看，那李秀才就已开始嘚瑟了："楞次定律嘛，就是说感应电流的效果总是反抗引起感应电流的原因。简单说来，楞次定律就是'来拒去留'，它是能量守恒定律在电磁感应中的体现，也可看成电磁领域的惯性定律……"

"行了，李秀才，别卖弄了！除了楞次，我们还要讲焦耳呢。"

但见那李秀才听我们这一说就更来劲了，竟摇头晃脑地解释道："焦耳定律嘛，又称焦耳-楞次定律，其内容是电流通过导体时产生的热量跟电流的二次方成正比，跟导体的电阻成正比，跟通电的时间成正比。该定律对任何导体都适用，对任何电路也适用。常用的电炉、电烙铁、电饭锅等都是电热转化的例子。焦耳定律的数学表达式是……"

"停！李秀才，你是来砸场子的吧！本回只讲焦耳和楞次的科学故事，不想令'学渣'们魂飞魄散。"嘿嘿，伙计，别误会，我可没暗示你是"学渣"哟。

其实，焦耳和楞次分别是英国和爱沙尼亚的两位科学家，他们压根儿就不是合作伙伴，只是他们分别于 1841 年和 1842 年独立发现了同一定律而已。由于楞次的生平事迹实在太少，所以，只好在此将两人的小传写在一起。其实，楞次比焦耳年长约 14 岁。

先看老弟焦耳吧。他与卡尔·马克思是同龄人，不过比后者更长寿。他于 1818 年（嘉庆二十三年）12 月 24 日生于英国曼彻斯特，全名为詹姆斯·普雷斯科特·焦耳（James Prescott Joule）。他是家中 5 个孩子中的老二。焦耳家本为老实巴交的农民，但到祖父这一辈时，祖坟终于"冒了青烟"，不但发了点小财，还办了一家小酒坊，为发大财奠定了基础。焦耳的父亲继承祖业，经营有方，不但赚得盆满钵满，更是将小酒坊改造成了一个"现代化"的酿酒厂，各种先进设备应有尽有。后来，这些稀奇古怪的设备对激发小焦耳的好奇心起到了重要作用。焦耳的家就在酿酒厂的隔壁，他从小就看着这些轰隆作响的机器长大，尤其是那些蒸汽机更令他印象深刻，以致后来终于激发了他的"热功转换灵感"。

在焦耳的成长过程中，父亲对他的影响最大。父亲给他提供了雄厚的经济基础，使他成年后不必为温饱担忧。更重要的是，父亲带头示范了"如何做一个真实的自己"。实际上，聪明的父亲并未将全部精力用于酿酒厂的经营，而是将大把时间用在了自己真正感兴趣的事情上。具体说来，父亲是教堂音乐的狂热爱好者，整理和谱写了2000多首赞美诗，以至多个大教堂的圣歌都是他的杰作。全城教堂中最好的风琴也出自父亲之手，其音色之美使得这位酿酒厂老板真正实现了"曲好不怕巷子深"。即使是偏僻的小教堂，只要使用了父亲的风琴，就能引来众多信徒。此外，父亲还是曼彻斯特音乐学院的主要创始人之一。他在一生中竟有20多年时间担任音乐评论人。总之，一句话，父亲是被酿酒耽误了的音乐家，但也许压根儿就没被耽误。就在焦耳36岁那年，父亲干脆将酿酒厂以低价转卖了。由此推知，成年后的焦耳也会像父亲那样，一直都在"做自己喜爱的事情"，至少没陷入酿酒厂的经营琐事中。不过，焦耳确实遗传了父亲的样貌，其貌不扬，个子不高，体格不壮。他在年轻时患过脊椎病，导致腰板不直。焦耳的外貌导致他的性格内向，甚至有些孤僻，自卑感也很强。

焦耳的母亲给孩子们遗传了超高的智商，但也遗传给了他们超弱的体质。早在焦耳16岁那年，妈妈就英年早逝，享年仅仅48岁。焦耳的哥哥在45岁就早逝了。焦耳虽算长寿，但身体很虚弱。他在去世前25年一直深受病痛的折磨。据历史学家的分析，焦耳可能患有遗传性白血病。在青少年期间，焦耳更是一个典型的"药罐子"，以至不能正常上学，所以，焦耳终生都未接受过正规教育。

少年时期的焦耳除了生病吃药之外，还非常调皮，尤其喜欢欺负另一个不能正常上学的"老病号"——他的哥哥。幼年时，他遇到各种玩具特别是有科技含量的玩具时，当然得先让自己玩够，然后才肯让哥哥碰一碰。稍大一点后，他常常又哭又闹，要哥哥带着自己玩风筝，模仿传说中的富兰克林，试图从天空中捕捉闪电。再后来，他不知从哪里搞到一个酸碱电池。这下哥哥就更惨了。他出其不意地把哥哥电得连跳带叫。后来，他总算不再电哥哥了，却升级成电击哥哥的坐骑。有一次，他将马电惊后，可怜的哥哥竟从马背上摔将下来，差点闹出人命。根据哥哥的日记，1830年9月15日，焦耳非要缠着哥哥专程到城里的火车站凑热闹，观看利物浦至曼彻斯特通车仪式。从此以后，他经常守在铁道旁发呆，盼望着来往的列车从身边呼啸而过。

从14岁到16岁，焦耳与哥哥一起受教于某位家庭教师。此时，焦耳依然野性十足，他不是登山探险、骑马狂奔就是玩极速滑雪，尤其喜欢玩枪，特别是手枪和马枪，甚至专门定制了一套小枪筒。据说，有一次，与哥哥划船时，心血来潮的焦耳为了测试回声现象，便在马枪中填充了双倍火药。结果，随着"砰"的一声惊天巨响，哥哥连同船桨一起被震落在水中，喝饱了湖水，又差点闹出人命。不过，这次焦耳自己也倒了霉，他的耳朵差点被震聋，眼睛差点被搞瞎，小白脸则变成了猛张飞，眉毛和头发全被燎焦。猛然一看，他还真成了名副其实的"焦耳"——焦黑之耳。当然，除了野外活动外，焦耳也有自己的文雅爱好。比如，他很喜欢绘画和摄影，更是耗费50英镑收集了许多画册和其他图书。

16岁这年是焦耳一生中重要的年份，其间至少发生了三件大事。

其一，母亲病逝。

其二，焦耳开始在自家的酿酒厂实习，并从中接触到了若干"高科技"。从化学角度看，酿酒过程包含了若干生化反应，比如大分子物质的降解、小分子物质的变化、高级有机醇的生成、香味物质的产生等。从物理和机械角度看，酿酒过程也大有讲究，比如温度与气压间的密切关系、蒸汽机驱动的大型抽水机的工作原理、各种加热和降温器械、千奇百怪的力学装置和传输装置等。总之，对好奇心本来就爆棚的焦耳来说，突然进入酿酒厂，他简直如鱼得水。这自然激发了他那天马行空般的想象力。后来，焦耳不顾父亲反对，干脆将家里的一个房间改造成了专用实验室。但凡有啥奇思妙想，他就马上做实验进行验证，反正自己又不坐班，随时都可扔掉酿酒厂的工作，而且家里不差钱，缺啥设备就买，只要是钱能解决的问题都不算问题。焦耳后来的所有伟大实验，当然也包括发现焦耳定律的那些实验，都是在这个今天看来非常简陋的实验室中完成的。该实验室中至今还原样保存着焦耳当年用过的众多实验设备，如抽水机、移动显微镜、量热器、电磁铁、温度计等。特别珍贵的是 6 本厚厚的实验手册，它们详细记录了焦耳自 1839 年至 1871 年的全部实验细节。在这些笔记的空白处，还偶有焦耳随手记下的灵感。另外，阅读过这些笔记的史学家说，笔记上的字迹非常整洁，版面也很干净，实验步骤井井有条，结果描述清清楚楚。由此可见，焦耳的思路非常清晰，他的天才实验操作确属"谋定而后动"。

其三，父亲将他和哥哥一起送到了当时全球最著名的化学家道尔顿的家里，每周学习两次化学课。父亲为啥能有这个通天本领呢？嘿嘿，答案只有一个字，那就是"钱"！原来，道尔顿老爷子虽然名气大，成就多，但脾气怪，晚年缺钱。所以，他不得已在家里办起了"私塾"，以此糊口。焦耳兄弟俩非常幸运，他们几乎成了道尔顿的关门弟子，因为仅仅两年后，道尔顿便在 1836 年因中风而停办"私塾"。也许因为焦耳兄弟未受过正规教育，所以他们的思路显得与众不同，其貌不扬的焦耳兄弟俩竟然很招道尔顿老爷子喜欢。道尔顿不但教给他们许多化学实验技巧，更对他俩进行了数学、几何、哲学等方面的全方位培养。这些知识为焦耳后来的科研奠定了坚实的理论基础。刚开始时，焦耳对道尔顿讲授的数学知识很反感，认为它们华而不实。有一次，焦耳将自己喜欢的气象观察报告交给道尔顿后，老爷子"一语点醒梦中人"。原来焦耳记录了一次惊雷和闪电，他试图从中计算出光速。道尔顿看过实验方案后，立即指出其中的漏洞，然后用数学方法给出了更简捷的测量思路。"哦，数学竟然如此有用！"焦耳惊叹过后便对数学刮目相看了。在短短的两年中，焦耳从道尔顿那里学到的最宝贵的东西是理论与实践相结合的科研方法，特别是正确的实验态度，即以精确的测定来代替实验现象描述。焦耳凭借超强的想象力和实操能力，在科研方面突飞猛进。在道尔顿的指导下，18岁的焦耳发表了第一篇论文，并制成了由电池驱动的电磁机。虽然该论文的水平一般，但对焦耳来说意义重大，它激发了焦耳对化学和物理的兴趣。从此，焦耳下定决心从事科研工作，很快就走上了快车道。在道尔顿的引见下，焦耳还结识了许多顶级科学家，因为他们经常来道尔顿的家里喝茶聊天。在道尔顿的影响下，焦耳于1835年进入曼彻斯特大学，象征性地听了几堂课。

离开道尔顿两年后，焦耳在1841年完成了他的代表性成果，发现了焦耳定律。仅仅几个月后，本回的另一个主角楞次也独立发现了该定律，故该定律也称焦耳－楞次定律。该定律奠定了热力学第一定律的基础，即不同形式的能量在传递与转换过程中始终守恒。具体说来，热量可从一个物体传到另一个物体，也可与机械能或其他形式的能量互相转换，但在转换过程中，总能量保持不变。该定律的本质就是著名的能量守恒定律，即能量既不会凭空消失也不会凭空产生，它只能从一种形式转化成另一种形式，或从一个物体转移到另一个物体，而总能量保持不变。该定律彻底否定了所谓的永动机，从而警告了无数迷途人：此路不通！

不过，伙计，别高兴得太早。焦耳定律刚被提出时并未获得学术界的认可，谁都不相信"世界竟会如此简单"。从 23 岁开始，焦耳几乎终其一生，以惊人的耐心和高超的技巧，花费了 40 多年时间，做了 400 多次实验，努力证明该定律，并试图进一步给出更一般的热功当量的精确值。其间的酸甜苦辣简直难以言表，其悲壮程度在物理学史上堪称空前绝后。不过，如下几个里程碑和重要副产品还是值得介绍一下。

1841 年，焦耳开始设计多种实验来定量测定热功当量。

1843 年，焦耳的初步结论是"1 千卡热量相当于 460 千克·米的功"。同年，"460"这个数值又被改进为"443.8"，它显然还比较粗糙。这一年，焦耳还发现了能量浪费的事实，在蒸汽机中 90% 的能量都以热的形式被浪费了。由此可见，焦耳也可算是发现能源危机的先驱。

1844 年，焦耳又将测量结果改进为"1 千卡热量相当于 424.9 千克·米的功"。同年，他的第一个重要副产品问世，他算出了气体分子热运动的速度。这便从理论上奠定了后来玻意耳 - 马略特定律和盖 - 吕萨克定律的基础，并解释了气体施加给器壁的压力的本质。

1847 年，他通过迄今被认为设计思想最巧妙的实验，测得了更准确的热功当量的值——"1 千卡热量相当于 423.9 千克·米的功"。1847 年 8 月 18 日，正在度蜜月的焦耳竟然偷偷前往色朗契斯瀑布，测量其顶部和底部的温差。焦耳认为，水从瀑布顶部倾泻而下时，温度会稍微升高。由于仪器精度等原因，他的这次测量自然无果而终。

1850 年，其他科学家用不同的方法发现了能量守恒定律和能量转化定律，他们的结论和焦耳的结论相近。这时，焦耳的工作才终于得到普遍承认。

1852 年，焦耳发现了第二个重要的副产品，即自由扩散的气体从高压容器进入低压容器时，温度几乎都要下降。该现象如今称为焦耳－汤姆孙效应。此时，焦耳的身体已开始走下坡路。

1875 年，焦耳测得了更为精确的热功当量，即"1 千卡热量相当于 415 千克·米的功"。这已非常接近今天的精确值（1 卡 =4.184 焦耳）。此时，焦耳的健康状况进一步恶化，他开始与病魔展开了长达十余年的斗争。1878 年，60 岁的焦耳发表了最后一篇学术论文，公布了他所测得的热功当量的最新值，并决定以该值作为自己的墓志铭。

1889 年 10 月 11 日，焦耳病逝于家中，享年 71 岁。他的墓碑上醒目地刻着那个热功当量值"772.55"。这里指使 1 磅水的温度升高 1 华氏度，需要耗用 772.55 磅重物下降 1 英尺所做的机械功。为了纪念这位伟大的科学家，后人把能量和功的单位命名为"焦耳"。

作为历史上最伟大的实验科学家之一，焦耳几乎将自己的一切献给了科学事业。他花光了所有积蓄，本来富足的他从 60 岁起不得不依靠政府发放的养老金度日。焦耳不善言谈，衣着平常，却很整洁。他给人的第一印象是不怒自威、傲慢清高，但他其实很随和，做人也很真诚，特别注意扶持青年人才。大家都喜欢他，尤其敬佩他身上的那股侠气，因为他厌恶欺骗行为。此外，焦耳的谦虚在历史上也传为佳话。在去世前，焦耳对弟弟说："我一生只做了两三件小事，没啥值得炫耀的。"

好了，下面开始介绍第二位主角海因里希·楞次（Heinrich Lenz）。从仅有的资料看，楞次的特点非常突出，那就是他"干一行，爱一行；爱一行，成一行"。在一生中，他虽转换过多次职业和角色，但正如他所发现的能量守恒定律那样，在每次转型时，他都始终未曾丢失"正能量"，也许还有所增强。

1804年2月24日，楞次生于当时被俄国占领的爱沙尼亚。他的父亲是当地某位行政长官的首席秘书，可惜在楞次13岁那年撒手人寰。楞次很争气，16岁中学毕业时，他以优异的成绩考入德尔帕特大学，跟随舅舅学习化学，跟随该校首任校长学习物理。

19岁大学毕业后，楞次经历的成功转型就更多了，甚至多得让人眼花缭乱。经校长推荐，楞次以地球物理观测员的身份参加了"企业号"军舰于1823年至1826年的第二次环球科学考察。考察回来后，22岁的楞次进入一家中学做了两年物理教师。24岁时，楞次应邀到圣彼得堡科学院报告其环球考察成果，受到一致好评。楞次还被立即选拔为该院的初级科学助理。25岁至26岁期间，楞次前往俄国南部执行地质勘测任务，考察了高加索以及黑海和里海沿岸地区。他测量了厄尔布鲁斯山的高度，测量了尼古拉耶夫地区的磁场，测量了黑海的水位，还在巴库地区进行石油和天然气取样工作。另外，他还测定了大西洋、太平洋和印度洋的含盐量，正确解释了含盐量差异的原因。由于业绩突出，楞次在26岁那年被选为圣彼得堡科学院候补院士，30岁时被选为正式院士。

楞次经历的最大一次职业转型是由地质考察转向电磁学研究，这主要源于1831年圣彼得堡科学院的机构调整。自1835年10月起，楞次一直都在圣彼得堡大学工作，先是担任物理教授，自1836年起又担任物理和自然地理教研室主任。1840年至1863年，他担任物理数学系主任。1863年，他成为首任"民选"校长。此外，楞次还多次在其他高校交叉任职。比如，1835 年至 1841 年，他在海军武备学校兼职；1848 年至 1861 年，他在炮兵学校兼任教授；1851 年至 1859 年，他兼任师范学院物理学教研室主任。

作为一名科学家，楞次显然很成功。在转向电学研究仅仅两年后，1833 年 11 月 29 日，他就发现了楞次定律，该定律在 1834 年便被正式认可。1842 年，他又独立发现了焦耳定律，故该定律也称为焦耳-楞次定律。不过，他并未像焦耳那样穷其一生去追究精确的热功当量值。1844 年，他还发现了分路电流定律，比基尔霍夫发现更一般的电路定律早了 4 年。作为一名教师，他无论是在中学还是在大学都很成功。一方面，他大幅提高了相关大学的物理教学水平，全面改组了物理数学系，以致他任过教的大学都培养出了许多著名教授。另一方面，他出版的中学物理教材《物理指南》被长期使用，先后印刷了 11 版之多。

60 岁时，楞次因眼疾辞去了圣彼得堡大学校长之职，到意大利去疗养。同年，他出版了那本著名的《物理指南》。1865 年 2 月 10 日，楞次因脑溢血突然去世，享年 60 岁。

第十七回

亥姆霍兹似超神，能量守恒集大成

道光元年，人类历史上最著名的皇帝之一拿破仑在法国去世了。同年，科学帝国的最后一位"皇帝"，即最后一位全才在德国诞生了。这位"皇帝"就是本回的主角，他的名字很长，叫作赫尔曼·路德维希·斐迪南德·冯·亥姆霍兹（Hermann Ludwig Ferdinand von Helmholtz）。但是，他的业绩清单更长，至少需分十余段才能基本说全。他的重大科学成就横跨数学、哲学、光学、声学、医学、化学、美学、生理学、心理学、热力学、生物学、电动力学等学科领域。注意，这里说的可是重大成就，而非小打小闹。在物理学领域，他创立了能量守恒定律这个最普遍的守恒定律，该定律堪称自然科学王冠上的明珠。在心理学领域，他在神经传速等方面取得了"19世纪心理学上的重大发现"。在生理学领域，他创立了最基础的色觉三色说，如今被称为杨-亥姆霍兹三色说。在声学领域，他出版了有"生理声学圣经"之称的名著《乐音的感觉》，该书是心理音乐研究者的必读书籍。在数学领域，他是非欧几何的重要创始人之一，最先阐明了非欧几何的哲学意义。在电磁学领域，他的杰出成就最终促成了电磁波的发现，这也是本回为他写小传的主要原因。在光学领域，至今全球各医院使用的检眼镜也是他的原创发明。在力学领域，他提出了著名的流体力学第一定理和第二定理。在热力学领域，著名的空气运动亥姆霍兹方程就是以其名字命名的。作为一名教授，他培养的世界级科学家的名单很长很长，比如诺贝尔物理学奖得主维恩、制造衍射光栅的先驱罗兰、干涉仪的发明者迈克尔逊、量子力学的主要创始人之一普朗克、最先证实电磁波存在的物理学家赫兹等。此外，在自然科学的许多领域的教材和专著中，他的名字至今仍频繁出现，比如亥姆霍兹微分方程、亥姆霍兹双电层、亥姆霍兹流动、亥姆霍兹自由能、亥姆霍兹线圈、亥姆霍兹共鸣器等。除自然科学之外，他在哲学方面也能呼风唤雨，现代哲学中的新康德主义、维也纳学派、弗洛伊德精神分析哲学等流派都从他那里得到了启发，吸取了丰富的营养。

为啥说亥姆霍兹是"最后一位全才"呢？因为自他以后，到目前为止，人类历史上只有专家式的科学家。伙计，但愿你是下一位全才。那么，白手起家的亥姆霍兹又是如何从一个穷孩子成为生理学家、物理学家、心理学家和数学家等，最终登上科学帝国"皇位"的呢？欲知详情，请读下文。

故事要从 1821 年 8 月 31 日说起。随着一道闪电，文曲星急忙下凡到柏林波茨坦的一个大学预科老师的家中。起初，他还暗自得意："嘿嘿，总算抢到个'老大'的位置。"他知道后面还将陆续诞生两个妹妹和一个弟弟。随即这位神仙就笑不出来了，原来家里的钱袋子太瘪了。

不过，来到人间的亥姆霍兹很快就发现了新希望。他的妈妈虽然样貌朴实，但基因好，其祖上是美国宾夕法尼亚州的创建者。更重要的是，妈妈的性情温和，天资聪颖，观察力和判断力都很强，总能看到事物的本质。特别幸运的是，妈妈把全部精力和爱都奉献给了这个家，尤其关心子女的教育。爸爸当过兵，研究过神学，还精通古语。爸爸虽不算全才，但爱好甚广，涉足绘画、美学、哲学、数学和语言学等领域，其诗歌朗诵尤其值得称赞。爸爸还好交朋友，其挚友中就有著名哲学家的儿子。爸爸对子女的教育更是尽心尽力。

若单看幼年时的情况，亥姆霍兹不大会成为科学家，更不可能成为科学帝国的"皇帝"，因为他连最起码的条件都没有。他体弱多病，7岁以前都只能待在家里，甚至大部分时间还被圈在床上。实在无聊时，这位病娃娃便玩玩积木或做点手工。一来二去，他竟对游戏入了迷。通过搭建积木，他意外地练就了很强的立体几何想象力，这让后来的几何老师都感到吃惊。上小学以后，他主要以保养身体为主。在校内，他积极参加体育锻炼；回家后，他就随父母在乡间散步。总之，学不学习不在乎，学好学坏也不在乎，学多学少更不在乎。

11岁时，亥姆霍兹进入预科学校，主要象征性地学习拉丁语和希腊语，偶尔也学点语法以培养逻辑思维能力，学点诗歌以唤醒审美能力和启迪鉴赏力，学点历史和哲学以开阔眼界，为理解现实提供一些基础。至于数学课嘛，对这个"老病号"来说，不再做任何硬性规定了。但是，令老师和家长感到意外的是，一段时间后，亥姆霍兹竟能跟上课程进度，其自学能力和想象力甚至略强于普通同学。若是学习自己感兴趣的内容，他更容易陷入痴迷状态。在朗诵课上，他经常偷偷在桌子下面研究自己的望远镜，这也许是他后来发明检眼镜等光学仪器的征兆吧。在物理课上听说永动机后，他竟真的开始日思夜想，试图造出这样一台"既不吃草又能常跑"的机器。后来他之所以提出能量守恒定律，在某种程度上也许正是缘于在研制永动机惨遭失败后引发的反思。在学完伽利略提出的相关定律后，亥姆霍兹这位中学生竟大胆撰写了一篇题为《论自由落体定律》的论文，其水平虽不咋的，但其思想表述得异常准确，他对物理原理的理解也相当到位。

预科学校快毕业那年，16岁的亥姆霍兹仍然沉默寡言，但奇迹般地成了优等生，而且特别乐意帮助其他后进生。他的智力水平更是突飞猛进，他甚至"自不量力"地向父亲表示，今后要献身科学，当一名物理学家。书中暗表，这里为啥要用"自不量力"一词呢？因为除了身体太差之外，亥姆霍兹还有另一个难以成为科学家的致命弱点，那就是他的记性奇差。据亥姆霍兹自己的回忆，在语言学习中，他记不住单词、语法和成语；在历史课上，他经常对人名、地名、事件等张冠李戴；背诵散文等对他来说更是一种折磨；他甚至连老师教的左右规律都分不清。不过，奇怪的是，对于《荷马史诗》等著名诗篇，他能倒背如流；对于韵律和音乐等，他也很在行。总之，此时亥姆霍兹的形象思维能力很强，他适合当艺术家；而逻辑思维能力很差，他压根儿就不宜当科学家。

面对想当科学家的儿子，老爸只能口头上表示支持，因为他没钱供儿子上大学。老爸最终想出了一条"借鸡生蛋"的妙计，让亥姆霍兹接受政府资助，免费进入威廉医学院学习5年，而交换条件是大学毕业后，亥姆霍兹作为军医为政府服务8年。于是，17岁的亥姆霍兹便进入了医学院。

伙计，别以为医学院只培养医生。你看，亥姆霍兹就是一个例外。他扛着父亲的旧钢琴，在众人充满疑惑的目光中若无其事地走进了宿舍。同学们都在拼命学习解剖学、骨科学、内科学等正规专业课程，而亥姆霍兹一刻也未放松过音乐训练。他今天弹莫扎特的作品，明天奏贝多芬的曲谱，晚上则经常研究拜伦和歌德。有段时间，他对休谟的著作爱不释手，竟一口气读了几个通宵，其中的认识论给他留下了深刻印象，对其日后的哲学思想产生了重大影响。好不容易才从文科书堆中爬出来，他又以学校图书馆助理的身份陷入了数理科学的汪洋大海。1839 年 3 月，亥姆霍兹在写给父亲的信中透露，他在这段时间如饥似渴地自学了欧拉、伯努利、达朗贝尔、拉格朗日等科学家的著作，沿着大师们的足迹，试图洞察力学原理的深刻内涵。他不但大幅提高了自己的智力水平，还为日后的科研工作奠定了坚实的数理基础。

亥姆霍兹的医学课程学得到底怎样，我们不得而知。总算有一门与医学相关的课程进入了他的法眼，那就是由米勒教授主讲的生理学，于是，一位伟大的生理学家就这样诞生了。1842 年 11 月 2 日，21 岁的亥姆霍兹以题为《无脊椎动物神经系统的结构》的论文，获得了博士学位。他指出了神经细胞的中枢特性，论证了神经纤维发源于神经节细胞的新观点。换句话说，亥姆霍兹的这项发现奠定了病理学和神经生理学的组织学基础，对微观解剖学做出了顶级贡献。亥姆霍兹取得如此巨大成就的速度之快，一点也不亚于魔术师变戏法。我们虽不能重放他当年的慢镜头，但如下事实非常重要。首先，这归功于导师米勒的精心指导，米勒甚至开放了自己的私人解剖实验室，还提供了优先解剖的动物清单。其次，这归功于米勒组织的一个特殊的头脑风暴研讨班，其主题就是用物理方法去研究生理学。通过该研讨班，亥姆霍兹有机会经常与莱蒙、布吕克等名家大腕进行面对面的讨论和争辩，碰撞出了不少灵感的火花。关于这段经历，后来亥姆霍兹回忆道："与这些伟人交往改变了我的价值观，这种智力交流太有意义了。"

1843年5月，亥姆霍兹从威廉医学院毕业。按入学前的约定，他回到家乡，开始了自己并不喜欢的军医生涯。作为一名军医，他的医疗水平到底咋样，还真不敢恭维。但作为成就卓越的生理学家，他在并不喜欢的本职工作之余定要做些科学研究，以打发无聊的空闲时间。他在医院里因陋就简搭建了一个"生理学实验室"，继续进行"肌肉活动的新陈代谢过程"和"肌肉运动过程中的生热和神经传速"等生理学课题研究。再次令人大跌眼镜的是，经过4年左右的艰苦研究，亥姆霍兹这位生理学家竟在1847年7月23日向世人宣布他取得了一项惊天动地的物理学成就。他在迈尔和焦耳工作的基础上，集物理学之大成，用数学方法发现并严格论证了史上最重要的守恒定律之一——能量守恒定律。虽然今天的事后诸葛亮们已给出许多理由，解释了生理学家能取得物理学突破的合理性、可能性和时代必然性等，但是亥姆霍兹这种"走别人的路，让别人无路可走"的做法总让物理学家们觉得有点"那个"吧。哦，对了，还有一点也想指出，那就是亥姆霍兹的这项伟大成就并未在第一时间获得普遍认可。所以，伙计，今后就算你取得了重大科研突破，也要做好充分的思想准备，更要有足够的自信和毅力。实际上，亥姆霍兹把这篇论文投给权威学术刊物《物理学年鉴》后，还被拒稿了呢。后来，亥姆霍兹不得不以单行本的方式将其成果公开发表。即使这样，亥姆霍兹仍然遭到了当时多位大专家的猛烈批评。一直到1860年，能量守恒定律才最终被普遍认可。不过，亥姆霍兹的导师米勒教授始终是他的坚定拥护者。在米勒的极力推荐下，在当时主持柏林科学院工作的另一位伟大科学家洪堡的支持下，亥姆霍兹终于提前三年从军医院脱身，正式进入学术界。其实，军队是亥姆霍兹的福地。在短短数年的军医生涯中，他不但取得了事业上最辉煌的成就，还取得了生活上的最大成就。他在公布能量守恒定律的同一年向自己心仪的女神、另一位外科医生的千金求婚成功。二人于1849年8月26日成婚。他们婚后的生活十分美满，妻子在事业上全力支持亥姆霍兹，使他在随后的几年中进入了科研成果的高产期。

1848年9月，军医亥姆霍兹"转业"到柏林艺术研究院，从事解剖学课程的教学工作。他还没来得及摆开科研"摊子"，哥尼斯堡大学就冲将上来，出高价"挖墙脚"，于1849年5月19日将这位著名的生理学家和物理学家破格聘为生理学教授，同时让他兼任生理学研究所所长。于是，亥姆霍兹的科研条件就"鸟枪换炮"了。但是，这门"炮"再次"打歪"了，竟把当时与他的职业完全不搭界的心理学领域最坚固的"堡垒"之一给摧毁了。他成为了史上最主要的心理学家之一。以往的心理学家都坚信身体的有意运动就是心灵本身的活动，换句话说就是意志与动作是一个整体。但是，亥姆霍兹这位生理学家在1850年，用巧妙的实验证明了"青蛙的神经传导速度为每秒25～43米"，紧接着又证明了"人体感觉神经的传导速度为每秒50～100米"。在生理学家的眼中，亥姆霍兹的这几个实验结果好像波澜不惊，但是这在心理学界引起了大海啸。原来身体和心灵竟然是可以相互分离的，原来心理过程可以用实验来研究，原来心灵也可成为实验的控制对象呀！总之，亥姆霍兹这个"心理学外行"的成果彻底改变了心理学的发展方向。

本回当然不可能一一罗列亥姆霍兹的全部成就，但必须强调的是，在亥姆霍兹的眼里，学科之间压根儿就没界限。从现象上看，亥姆霍兹好像总是"歪打正着"，其实这只是错觉，只是因为我们的知识不够广，眼界不够高，胆子不够大，联想不够深而已。实际上，亥姆霍兹随时都在最普遍的规律的指导下，努力使自己的知识超越时间，超越空间，超越自然界的所有界限。因此，在他的眼里，不仅物理学是统一的，自然科学也是统一的，甚至理性与经验也是统一的，科学理论与实践还是统一的。他认为，人类的一切知识都是统一的。一句话，亥姆霍兹好像就是为"统一"而生的。如今完整的知识被分割成不同的学科，只是为了方便研究而已，并非知识的本来面目。

说来也怪，亥姆霍兹从小体弱多病，但在繁重的科研工作中，他的身体竟然一天天强健起来。在 70 多岁时，他仍活跃在教学科研的第一线。1893 年，72 岁的亥姆霍兹代表德国科学界，不顾舟车劳顿，千里迢迢前往美国主持一个重要的国际学术大会。在回程途中，亥姆霍兹竟从高空跌落，撞在了甲板上！在随行人员的一片惊愕声中，他竟然晃晃悠悠地站起来了！回国后，经过短暂的医治，他又主持了好几个月的行政和科研工作。1894 年 7 月 12 日，他突然发生脑溢血。经受了近两月的病痛后，亥姆霍兹于 9 月 8 日下午 1 时 11 分逝世，享年 73 岁。书中暗表，亥姆霍兹去世这一年是中国的一个重要年份。中日甲午战争全面爆发，致远舰管带邓世昌殉国。这一年的 11 月 24 日，孙中山在檀香山成立了兴中会。

伙计，看完本回后，你一定会发问：在完全不同的多个领域中，亥姆霍兹为啥总能"歪打正着"呢？关于这个问题，他自己的回答是："我的成就可归功于这样的事实：我有丰富的数学知识，在学医过程中又受到了良好的物理训练。生理学为我提供了多产的处女地。另外，由于熟知生命现象，所以，我的研究方向和学术观点能超越纯粹数学和纯粹物理学。"无论你如何理解亥姆霍兹的这段话，有一点是肯定的，那就是像亥姆霍兹这样的伟人确实千载难逢。他的伟大成就既归功于他那非凡的天赋，也离不开他的极端勤奋。对亥姆霍兹来说，科研既不是生硬的职业，也不是纯粹的职业，它只是一种生活方式、一种习惯。所以，他才能经常将看似毫不相干的研究统一成完美的整体。

第十八回

香农创立信息论，科学天才童心重

香农不是普通人，而是一个"神人"！他的老爸更神。1916年4月30日儿子出生后，他直接将自己的名字与儿子共享，二人都叫克劳德·艾尔伍德·香农（Claude Elwood Shannon）。也许他老爸早已料到这个名字将永垂青史！

他的一个远房亲戚更是"神上加神"！谁呀？说出来，吓你一跳：托马斯·阿尔瓦·爱迪生！对，就是那位发明大王。

唉，真是龙生龙，凤生凤，老鼠生来会打洞啊！人们都说香农是数学家、密码学家、计算机专家、人工智能学家、信息科学家等，但是读完有关素材后，我们咋总觉得他哪家都不是呢？若非要说他是什么"家"的话，我们宁愿说他是"玩家"，或者尊称他为"老人家"。其实，他是标准的"游击队长"，是那种"打一枪换一个地方"的游击队长，只不过他"枪枪命中要害，处处开天辟地"！

先说数学吧。

俗话说"三岁看大，七岁看老"。香农早在童年时就给姐姐凯瑟琳当"枪手"，帮她做数学作业。20岁时，他就从密歇根大学数学系毕业，任麻省理工学院（MIT）数学助教；24岁时获MIT数学博士学位；25岁时加入贝尔实验室数学部；40岁时重返MIT，任数学教授和名誉教授，直至2001年2月26日以84岁高龄逝世。他的代表作有《通信的数学理论》《微分分析器的数学理论》《继电器与开关电路的符号分析》《理论遗传学的代数学》《保密系统的通信理论》等，其内容除了数学之外还是数学。因此，可以说香农一生"吃的都是数学饭"，他当然可以算作数学家了。

既然是数学家，他就应该老老实实地研究0，1，2，…，9这10个阿拉伯数字呀！可是，他偏不！他非要抛弃2，3，…，9这些较大的数字不管，只醉心于0和1这两个最小的数字。更奇怪的是，他在22岁时竟然只用0和1两个数，仅靠一篇硕士论文就把近百年前英国数学家乔治·布尔的布尔代数完美地融入了电子电路的开关和继电器之中，把过去需要"反复进行冗长实物线路检验和试错"的电路设计工作简化成了直接的数学推理。于是，电子工程界的权威们不得不将其硕士学位论文评为"20世纪最重要、最著名的一篇硕士论文"，并轰轰烈烈地给他颁发了业界人人羡慕的"美国电气工程师学会奖"。正当大家都以为一个电子工程新星即将诞生的时候，一转眼，他又不见了！

原来，他又玩进了八竿子都打不着的人类遗传学领域。两年后，他像变魔术一样完成了博士论文《理论遗传学的代数学》。然后，他再次抛弃博士论文选题领域，摇身一变，成为了早期机械模拟计算机领域的元老。他于1941年发表了一篇重要论文《微分分析器的数学理论》。

喂，香农老兄，您消停点行不？每个领域的"数学理论"都被你搞完了，咱"屌丝"咋办？您总该给咱留条活路嘛！

各位看官，稍息，稍息！口都渴了，请容我喝口茶，接着再侃。

好了，该说密码了。

小时候，香农就热衷于安装无线电收音机，痴迷于莫尔斯电报码。他还担任过中学信使，冥冥之中与保密通信早就结下了不解之缘。一本破译神秘地图的推理小说《金甲虫》在他幼小的心灵中播下了密码的种子。第二次世界大战期间，他作为小组成员参与了数字加密系统的研发工作，为丘吉尔和罗斯福的越洋电话会议提供过密码保障。他很快就脱颖而出，成了盟军的密码破译权威，并在德国对英国发动的闪电战中追踪德国飞机火箭和预警方面立下了汗马功劳。据说，他把敌人的飞机和火箭追得满天飞。（对了，这些玩意儿本来就是满天飞嘛。）

战争结束后，按理说，"香农将军"就该解甲归田，玩别的专业去了吧。可是，香农就是香农，这次他一反常态，非要"咬定青山不放松"，对战争中密码工作的实践经验进行凝练、提高。他于1949年完成了现代密码学的奠基性论著《保密系统的通信理论》，愣是活生生地将保密通信这门几千年来一直依赖"技术和工匠技巧"的东西提升成了科学，而且是以数学为灵魂的科学。他还严格证明了人类至今已知唯一的、牢不可破的密码——一次一密随机密码！

你说可气不可气！您为啥"老走别人的路，让别人无路可走"呢？您这样，让恺撒大帝、拿破仑等历代军事密码学家们情何以堪？

算了，闲话少扯，言归正传。我们该聊聊他神龛上的那部《信息论》了。

伙计，你若问我啥叫信息，如何度量信息，如何高效、可靠地传输信息，如何压缩信息？嘿嘿，小菜一碟，只需上网一搜，马上就有完整的答案。

可是，在1948年香农出版《通信的数学理论》之前，对于这些问题，连上帝都不知道其答案，更甭说世间芸芸众生了。早在1837年莫尔斯就发明了有线电报来"传信息"，1875年博多发明了定长电报编码来规范化"信息的远程传输"，1924年奈奎斯特给出了定带宽的电报信道上无码间干扰的"最大可用信息传输速率"，1928年哈特利在带限信道中给出了可靠通信的最大"数据信息传输率"，1939—1942年柯尔莫戈洛夫和维纳发明了最佳线性滤波器来"清洗信息"，1947年科特尔尼科夫发明了相干解调技术来从噪声中"提取信息"，但是人们对"信息"的了解始终只是一头雾水。

经过至少100年的"盲人摸象"后，全世界的科学家在面对"信息"时，仍然觉得"惚兮恍兮，其中有象；恍兮惚兮，其中有物"。

那么，"信息"到底是什么"物"呢？唉，"其之为物，惟恍惟惚"！

我们使尽浑身解数，抓条"信息"来测测吧，结果却发现它只是"无状之状，无物之象，惚恍惚恍"。

"信息"呀，求求你，给个面子，让科学家们只看一眼尊容，总可以了吧？结果，"信息"还是再次"放了人们的鸽子"，只让大家"迎之不见其首，随之不见其尾"！

终于，科学家们准备投降了。

说时迟，那时快。就在这个关键时刻，香农来了！

接下来，我们真不知该咋写了，只好以已故评书艺术大师袁阔成老先生的口吻，演绎一下"香农温酒斩信息"的故事。

只见香农不慌不忙，温热三杯庆功酒，但他也不急着饮，而是骑着杂耍独轮车，双手抛接着四个保龄球，腾腾腾就出了"中军大帐"。他把左手一挥，那保龄球瞬间就化作"数学青龙偃月刀"，只见一个大大的"熵"字在刀锋旁闪闪发光。他用右手紧了紧肚带腰梁，摸了摸没有胡子的下巴，这才"嗡嘛呢呗咪吽"地念了个六字咒语。咔嚓一下子，他把独轮车变成了高跷摩托！

来到两军阵前，香农对"信息"大吼一声："鼠辈，休得张狂，少时我定斩你不饶！"

"信息"一瞧，心里纳闷儿："怎么突然冲出个杂耍小丑来？也没带多少兵卒呀？怎么回事？""来将通名！"

"贝尔实验室数学部香农是也！"

"信息"一听，扑哧一声笑了，心想："可见这人类真没招了，为啥不叫个清华北大什么的教授来呢？""速速回营，某家刀下不死无名之鬼！"

这"鬼"字还没落地，香农举起"数学青龙偃月刀"直奔"信息"而来，急似流星，快如闪电，"唰"地一下子，杀向"信息"。好快呀，"信息"想躲可就来不及啰！耳边就听得"扑哧"一声，脑袋就掉了。于是，"信息容量极限"等一大批核心定理就被《通信中的数学理论》收入囊中。

就这么快，连那个"熵"字还没有认清楚，"信息"就成了刀下鬼。

香农得胜回营，再饮那三杯庆功酒。嗨，那酒还温着呢！

从此，信息变得可度量了，无差错传输信息的极限清楚了，信源、信息、信息量、信道、编码、解码、传输、接收、滤波等一系列基本概念都有了严格的数学描述和定量度量，信息研究总算从粗糙的定性分析阶段进入到精密的定量阶段了，一门真正的通信学科信息论诞生了。

其实香农刚刚完成信息论时，并非只是被"点赞"。由于他的观念十分超前，贝尔实验室中的很多实用派人物认为香农的理论很有趣，但并不怎么能派上用场，因为当时的真空管电路显然不能胜任"处理接近香农极限"的复杂编码。伊利诺伊大学的著名数学家杜布甚至对香农的论文给出了负面评价；历史学家阿斯普拉也指出香农的概念架构体系还没有发展到可以使用的程度。

事实胜于雄辩！到了20世纪70年代初，随着大规模集成电路的出现，信息论得到了全面应用，并深入到信息的存储、处理、传输等几乎所有方面，由此足见香农的远见卓识。于是，如今耳熟能详的如潮好评才出现了。有人说："香农的影响力无论怎样形容都不过分。"有人说："香农对信息系统的贡献就像字母的发明者对文学的贡献。"也有人说："它对数字通信的奠基作用等同于《自由大宪章》对于世界宪政的深远意义。"还有人说："若干年后，当人们重新回顾时，有些科学发现似乎是那个时代必然会发生的事件，但香农的发现显然不属于此类。"

当人们极力吹捧、赞美、敬仰香农时，他却再一次选择了急流勇退，甚至数年不参加该领域的学术会议。1985年，他突然出现在英格兰布莱顿举行的国际信息理论研讨会上，引起轩然大波。那情形简直就像牛顿出现在物理学会议上。有些与会的年轻学者甚至不敢相信自己的眼睛，因为他们真不知道传说中的香农仍然活在世上！

老子写完《道德经》后就骑着青牛出函谷关了。香农创立信息论后又到哪儿去了呢？经认真考察，我们发现这次他去了"幼儿园"。

他将自己的家改装成了"幼儿园"，把其他科学家望尘莫及的富兰克林奖、凯莱奖、莱伯曼纪念奖、哈维奖、院士证书、荣誉博士证书等统统扔进一个小房间内，只把一张"杂耍学博士"证书得意扬扬地摆在显眼处。

"幼儿园"里的其他房间可就热闹了，光是钢琴就多达 5 台，从短笛到各种铜管乐器有 30 多种。另外，还有 3 个小丑一起玩 11 个圆环的杂耍机器、由钟表驱动的 7 个球和 5 根棍子、会说话的下棋机器、智力阅读机、用 3 个指头便能抓起棋子的机械手臂、蜂鸣器、记录仪、有 100 个刀片的折叠刀、安装了发动机的弹簧高跷、用火箭驱动的飞碟、能猜测你心思的读心机等。这些玩具大部分都是由他亲手制作的。他还建造了供孩子们到湖边玩耍的升降机，长约 180 米，还带多个座位。

怎么样，这位身高 1.78 米的香农大爷不愧为名副其实的老顽童吧？

要不是上帝急着请他去当助理，估计人类历史上的下一个里程碑式成果就会出现在杂耍界了。据说，他在去世前已开始撰写《统一的杂耍场理论》了。他创作的诗歌代表作叫作《魔方的礼仪》，其大意是向 20 世纪 70 年代后期非常流行的鲁比克魔方致敬。

伙计，还记得大败棋圣李世石的阿尔法狗吧！其实，香农早就开始研究能下国际象棋的机器了。他是世界上首批提出计算机能够和人类进行国际象棋对弈的科学家之一。1950 年，他为《科学美国人》杂志撰写过一篇文章，阐述了实现人机博弈的方法。他设计的国际象棋程序出现在当年的论文《下棋计算机程序设计》中。1956 年，在洛斯阿拉莫斯的 MANIAC 计算机上，他又实现了国际象棋程序。为了探求下棋机器的奥妙，他居然花费大量的工作时间来玩国际象棋。这让上司"或多或少有点尴尬"，但又不好意思阻止他。对此，香农没有一丝歉意，反倒有些兴高采烈。他说："我常常随着自己的兴趣做事，不太看重它们最后产生的价值，更不在乎这事对于世界的价值。我把很多时间花在了纯粹没有什么用处的东西上。"

你看看，你看看，这叫啥话，工作纪律还要不要了？

香农还制造了一台宣称能在六角棋游戏中打败任何人的机器。该游戏是一种棋盘游戏，几十年前在数学爱好者中很流行。调皮的香农事先悄悄改造了棋盘，使得人类棋手这边的六角形格子要比机器对手那边多，如果人类要取胜，就必须在棋盘中间的六角形格子里落子，然后对应着对手的打法走下去。该机器本来可以马上落下棋子，但是为了让它假装在思索该如何走下一步棋，调皮的香农在电路中加了一个延时开关。绝顶聪明的哈佛大学数学家格里森信心满满地前来挑战，结果被机器打得落花流水。格里森不服，次日又来叫阵，这时香农才承认隐藏在机器背后的秘密，搞得这位教授哭笑不得。

除了玩棋，香农还制作了一台用来玩赌币游戏的猜心机器，它可以猜出参加游戏者将会选硬币的正面或反面。最初的样机本来是由他在贝尔实验室的同事哈格尔巴杰制作的，通过分析、记录对手过往的选择情况，从中寻找出规律来预测参加游戏者的下一次选择，准确率高达 53% 以上。后来，经过香农改进的猜心机器不但大败哈格尔巴杰猜心机器，还打遍贝尔实验室无敌手。当然，唯一的例外是香农自己，因为只有他才知道这台猜心机器的死穴在哪里。书中暗表，最近我们在研究安全通论时给出了一种更好的、能够打败香农猜心机器的新方法，当然其核心思想仍然是香农的信道容量极限定理。若你有兴趣，欢迎阅读拙作《安全通论》。

香农还发明了另一个趣的玩意儿——迷宫鼠，即能解决迷宫问题的电子鼠。香农称这只电子鼠为"忒修斯"（古希腊神话中杀死人身牛头怪后从可怕的迷宫中走出来的英雄）。这只电子鼠可以自行在迷宫中找到出路，然后直奔一大块黄铜"奶酪"而去。忒修斯拥有独立的"大脑"，可以在不断尝试和失败中学习怎样走出迷宫，在下一次进入迷宫时，它能避免犯错误，顺利走出来。忒修斯的"大脑"就是藏在迷宫地板下面的一大堆电子管电路，它们通过控制一个磁铁的运动来指挥忒修斯走出迷宫。

好了，写累了，该对香农的生平做个小结了。

香农虽然发现了信息是用来减少随机不定性的东西，可是他的一生明明白白地增加了工作与娱乐以及学科界限之间的随机不定性。可见，所谓的专业不对口其实只是借口。

香农的名言是"我感到奇妙的是，事物何以总是集成一体"。可是，我们更加莫名其妙，他何以总能把那么多互不相关的奇妙事物集成一体？

他预言几十年后机器将超越人类，可是像他那样的人类哪有什么机器可以超越？

他承认"好奇心对他的刺激比实用性更大"。可是，如果我等也这样好奇，年终考核怎么过关？

在他众多的卓越发明中，他竟然最中意菲尔茨杂耍机器人。唉，与他相比，我们连机器人都不如了。

第十九回
富兰克林探雷电，美国独立他宣言

伙计，见过美钞吗？我说的可是面额最大的百元美钞哟！如果你见过，那就好办了。本回的主角就是百元美钞上的那个人——本杰明·富兰克林（Benjamin Franklin）。他是一位随时都在"探索别人的美德，寻找自己的恶习"的人。我们首先申明，尊富兰克林为通信大师并不为过，因为他曾发明过一种名叫富兰克林铃铛的小玩意儿，利用静电放电的方式来远程敲响代表不同字母的铃铛。后来，不断有人用它直接发电报，这便是最早的静电电报机之一。早期的多种静电电报机中或多或少都有富兰克林铃铛的影子。可惜，这些电报机只停留在了玩具阶段而并未得到推广，相关人员的生平也几乎消失了。富兰克林实在太厉害了。从科学角度看，他是美国首位享誉全球的科学家，是避雷针的发明者和闪电本质的发现者。从道德角度看，他被西方人景仰为"圣人"和"人间的普罗米修斯"。从历史角度看，他被称为"美国之父"，是美国的"开国三杰"和《独立宣言》的起草者之一，也是唯一同时签署美国最重要的三项法案的建国先贤。这三项法案分别是《独立宣言》、英美结束战争的《巴黎和约》及《美国宪法》。总之，在西方人的眼里，他几乎是十全十美的天才，法国人甚至为当时还健在的他树立了雕像，上面刻着至今仍家喻户晓的铭文"他从空中抓住了雷电，从暴君手中夺得了民权"。

富兰克林的祖上当然不是美国人（那时还没美国呢），而是英格兰桑普敦郡的一个打铁世家，一个富有冒险精神的世家。他们拥有几十亩田产，所以，也算得上小康之家吧。由于造反失败，富兰克林的老爸及其妻儿等 5 人被流放到英国的殖民地、北美港口城市波士顿（那时还是蛮荒之地）。由于水土不服，再加上接二连三又生了 4 个孩子，所以，他老爸的原配夫人就去世了。后来，他老爸续弦，娶了早先移民到那里的一位教师的闺女阿比亚·福尔杰。她就是富兰克林的生母，一个体格健壮、贤惠善良的女人，也是一个特别能生孩子的妈妈，她前后共生了 10 个子女！

老爸在英国时本是小有名气的铁匠，可流放到波士顿后无用武之地。于是，他就改行开起了家庭作坊，生产蜡烛和肥皂。由于他老爸精于商道，再加上讲信誉，所以，生意越做越好，全家很快就脱了贫。老爸有很多爱好，琴棋书画样样会，吹拉弹唱门门通。老爸一生中共养育了 17 个孩子。除夭折的 4 个之外，其他孩子都很有出息。这主要得益于老爸很关注子女的教育。富兰克林是家中的第 15 个孩子，于 1706 年（康熙四十五年）1 月 17 日诞生在波士顿。

富兰克林儿时的生活虽不富裕，但非常幸福。每当吃饭时，哨子一响，"呼啦"一下子，从桌下、树上、田间等犄角旮旯跑出来十几个调皮蛋，他们争先恐后地挤上饭桌。很快，一大锅粗粮就在父母慈爱的目光中，在叽叽喳喳的打闹和说笑声中，在温馨祥和的气氛中，被一扫而光了。富兰克林天生聪颖好学，很早就识字，被邻居文盲大妈夸为"神童"。所以，他深得父母宠爱，8岁时进入文法学校，很快成了优等生。一年级结束时，他嫌课堂内容太简单，干脆一下子就跳到三年级，摩拳擦掌，欲取得更好的成绩。可是，天公不作美。正在这时，老爸的生意受挫，家中的经济状况骤然恶化，富兰克林便转入另一所学费更低的技工学校。一年后，哥哥约瑟结婚了。这本来是件喜事，但按当时的传统，成年的哥哥得自立门户，于是家里也就失去了一个好帮手。万般无奈的老爸只好让富兰克林辍学，回家帮忙。他一干就是两年。从此，年仅10岁的富兰克林便结束了他终生所受的全部学历教育。当然，他的自学生涯同时开始了。每天一大早，他都对自己说："懒鬼起来吧！别再浪费时间了，将来在坟墓里有足够的时间让你睡。"

那么，富兰克林是如何自学的呢？这就得从他自拟的墓志铭"印刷工富兰克林"中寻找答案了！从12岁开始，富兰克林先后在波士顿、费城和伦敦的多家印刷厂当了整整10年印刷工。在此期间，他从学徒迅速成长为业务骨干，因为他相信"懒惰行走得那么慢，以至贫穷很快就赶上了它"。你也许会纳闷，印刷工哪有时间、精力和资料来自学呢？嘿嘿，这便是富兰克林的高明之处了！

你看，当学徒时，他的主要工作就是搬运各类已印好的书籍。这些东西难道不是拿来就能读的吗？所以，只要空闲，富兰克林就一心扑在这些印刷品上。不管是啥内容，他都狼吞虎咽地阅读，有什么就读什么，从不抱怨。富兰克林始终相信"我未曾见过一个早起、勤奋、谨慎、诚实的人抱怨命运不好，良好的品格、优良的习惯、坚强的意志是不会被任何命运打败的"。除了勤奋之外，他还非常谦逊。他认为"对上司谦逊，是一种责任；对同事谦逊，是一种礼遇；对部属谦逊，是一种尊贵"。他后来晋升为排字工。

作为排字工，别人都只是照猫画虎，把原稿变成铅字就行了，根本不管排的内容是什么。而富兰克林则反复阅读原稿，这不仅是因为他工作认真，而且是因为他把原稿当作自学课本了。他认为："读书使人充实，思考使人深邃，交谈使人清醒。"

升为印刷校验工后，富兰克林不但开始自学相关校验稿，而且思考其中的观点，并发表独立见解。他认为："读书是易事，思索是难事，但两者若缺其一，便全无用处。"针对多本刚刚印刷好的图书，他在《新英格兰时报》上匿名发表了好几篇书评，引起了较大反响，其某些过激的言论甚至惊动了警察局。

后来因工作需要，他被调离生产一线，转做市场营销工作。这时，他虽不能直接接触印刷品，但有机会经常与书店打交道。于是，他便主动结交了一批书店学徒，请求对方在下班前将新书借给他，然后他连夜阅读，在次日上班前再将这些图书完璧归赵。这正是他的理念："想要有空余时间，就不要浪费时间。"书中暗表，正是富兰克林的这段传奇经历促使他后来组建了整个北美的首家"公共图书馆"。他让大家自愿捐书，供所有人免费借阅。此举对北美的启蒙运动发挥了不可替代的作用。

富兰克林的这种勤奋苦读精神感动了一位名叫亚当的富商，后者将自己的私人图书馆向他全面免费开放。富兰克林终于可以自由阅读自己感兴趣的书籍了，知识也能成系统、有条理地被积累起来了。据说，作为一名著名作家，富兰克林的文学功底就是因此而打下的。他的许多思想也是在此期间形成的，比如"学而无术者，比不学无术者更愚蠢""凡事勤则易，惰则难""没有准备的人就是在准备失败""选择朋友要慢，改换朋友要更慢""真话说一半，常是弥天大谎""蚂蚁最勤奋，但它们最寡言"。

从科学研究的角度看，22 ～ 37 岁是富兰克林的蓄势待发期。在该阶段，他虽仍为"科盲"，但是在经济方面，他已基本上实现了财务自由，拥有了自己的报刊《宾夕法尼亚新闻》，开办了费城的第三家印刷厂，赢得了印制宾夕法尼亚州纸币的肥差，出版了多本畅销书。他的《美洲历书》不但风行美洲，而且远销欧亚。1730 年 9 月 1 日，他娶回了自己心爱的妻子，二人先后于 1731 年、1732 年和 1743 年生下了两儿一女。他开始进入政界，组建了联合救火队，改进了警务夜巡制度，当选为宾夕法尼亚州议会文书，就任费城邮政局局长并连任 16 年之久。邮政局局长之职使他大开眼界，因为从此他就能读到更多报纸杂志，洞察全美的最新科技成就。他制订并严格实施了"自我完善计划"，特别是他的 13 项道德约束（节制、沉默、秩序、决心、俭朴、勤勉、诚恳、公正、中庸、清洁、镇静、贞节、谦逊）不但成就了他健康的体魄，还促成了他的伟大发现，更托起了他的辉煌事业，以至整个北美都把他当作"圣人"来景仰。他以惊人的毅力掌握了法语、德语、意大利语和西班牙语等，为随后的国际交流扫清了障碍。他的座右铭是："今天乃是我们唯一可以生存的时间，既不要为未来的漫无目的而苦闷，也不要为昨天的逝去而伤怀。"在为人处事方面，他对所有人以诚相见，与多数人和睦相处，与少数人经常往来，只跟一个人亲密无间。在学术方面，他发表了《试论纸币的性质和必要性》一书，从而奠定了他在美国金融界的鼻祖地位。他组建了学术交流机构共读社，将各界有志之士团结起来，共同研讨社会科学和自然科学的若干热点问题。此举为他赢得了很大的社会声望。在共读社中，大家既能交流思想，又能增进友谊，还能丰富知识，所以，共读社的影响越来越大，成员也越来越多。

从 37 岁起，衣食无忧、功成名就的富兰克林准备穿透历史了。他将主要精力用于科学研究。其实，当时他纯粹是一个"科盲"，但他坚信"一个人失败的最大原因就是自信不足"。由于缺乏基本的科学训练，又无名师指导，所以，刚开始时，这位"科盲"显然是个"无头苍蝇"，在科研领域里毫无目的地乱闯乱撞。他一会儿研制热效能更高的火炉，一会儿去改进街边的路灯以延长其使用寿命，一会儿观察蚂蚁行踪和研究它们如何交流信息，一会儿又试图发现鸽子的群居规律等。不过，从整体上看，他的科研能力还是在迅速提高。1743 年 10 月左右，富兰克林在阅读积压的各地报纸时偶然发现多地报道了遭受强烈风暴袭击的新闻，而且各地遭受风暴袭击的时间也是连续的。为啥会出现这种情况呢？他对照地图一看，原来这些受袭地点相互连接。于是，他做出了一个大胆猜测：这可能是同一个风暴的作用，只是它在各地不断移动而已！经反复验证后，富兰克林终于在气象学方面取得了重大成就，发现了气流，结束了单纯依靠目测预报天气的历史，奠定了现代气象学中"天气分析"的基础。

如果富兰克林的科研始终都处于这种随机状态，那么他当然就不可能成为伟大的科学家。1747 年，富兰克林将目光盯上了当时的科学顶峰——电学理论。那时他压根儿就是一个电学门外汉，而当时全人类对电的了解也几乎为零。人们只知道电能产生电火花，人接触电火花后会感到震动，用丝绸摩擦玻璃会产生电，用松脂摩擦毛皮也会产生电。当时最先进的电气设备只是一种名叫莱顿瓶的原始蓄电池。也不知借助了何方神力，富兰克林竟在短短几个月内揭开了电的神秘面纱，并指出摩擦不能产生电，只能将电从一种物质转移至另一种物质，因为每个物体都带电。他还指出电是一种单纯的"流质"，平常它以一定比例在物质中弥漫，又能被其他物质特别是水和金属所吸引。

富兰克林的这些电学成果（准确地说是静电学成果）后来被整理成著名的电荷守恒定律，成为了物理学的基本定律之一。它指出：对于任何一个孤立系统，不论发生什么变化，其中所有正电荷与负电荷的代数和将永远保持不变。换句话说，若某一区域中的电荷增加或减少，那么必定有等量的电荷进入或离开该区域；若在一个物理过程中产生或失去了某种电荷，那么必定有等量的异性电荷同时产生或消失。电学中的许多常用名词，比如正电、负电、充电、放电、电池、电击、电工、电枢、电刷、电容器、导电体等，都是由富兰克林提出的。他为近代电学的发展铺平了道路，启发库仑发现了描述电荷间相互作用力的著名定律，促使法拉第对电介质进行深入研究。

上述静电研究取得突破后，富兰克林再接再厉，把目标瞄准了雷电。当时，人们只知道雷电有巨大的破坏性，但对其本质一无所知。有人说它是"上帝之火"，有人说它是"天神发怒"，还有人说它是"毒气在空中爆炸"，更有人说它是"雷公和电母在打架"。虽然个别科学家猜测它只不过是电火花，但始终无法证实。关于富兰克林研究雷电，最著名的传说是：1752 年 6 月，他冒着生命危险，利用风筝从空中取下雷电，从而证实了雷电的本质也是电。我们在认真分析了各方资料后，最终决定不采信该传说。一方面，人若被雷电击中，就算万幸没死，也会瞬间失去知觉，那么怎能就凭此断定雷电是电呢？另一方面，科学实验最讲究能重复验证，请问历史上谁曾成功地重复过这个"风筝接雷"实验？虽也曾有两位大胆的俄国科学家于1753年7月26日以身试雷，但结果都献出了宝贵的生命！美国探索频道的著名节目《流言终结者》在第4季第5集中，以严谨的实验方法证明了：如果富兰克林当年真的触摸过风筝导下的雷电，那么他必死无疑。

但是，富兰克林确实发现了雷电的本质是电，他也确实发明了避雷针。真实的发现过程可能与风筝传说刚好相反：不是富兰克林把雷电取回了人间，而是他在人间造出了雷电。当时富兰克林已经知道尖状物体能吸收和产生电火花。换句话说，避雷针的作用就是"吸收电火花"，而人造雷的过程就是"产生电火花"。富兰克林早在风筝传说的两年半以前，即1749年11月，就得出了"闪电和电完全一样"的结论。他给出的证据是雷电与尖状物体放电有许多共同之处，比如二者都会发光，光的颜色都为蓝色，都可在金属和水中传导，爆炸时都能发出响声，都能杀伤生命，都能熔化金属，都能引燃物体，都能产生硫黄味，都能在穿过物体时把物体分裂等。1750年5月，富兰克林在给英国朋友去信时详细谈到了"金属棒尖放出或吸收电火花"的奇妙性，并附上了一篇题目冗长的文章《电的性质和效力之探讨及1749年从费城几次实验中获得的使建筑物、船只等免遭雷击的方法》。1751年春天，45岁的富兰克林终于出版了代表作《电学的实验和研究》。它是电学理论的奠基之作，从而确定了作者的电学鼻祖地位。这也很好地诠释了他的一句名言"能忍耐的人才能达到他的既定目标"。

正当富兰克林在科研方面不断取得突破时，国际和国内形势却发生了巨变。当时，两个超级大国英国和法国谁看谁都不顺眼。于是，双方只好在擂台上见高低，你一拳，我一脚，打得好不热闹。上半场结束时，双方进入中场休息阶段。为了增强下半场的战斗力，英国决定向自己的美洲殖民地加税。后者刚想反对，前者二话不说，冲上来就是一通打。双方多年的积怨终于爆发了。在华盛顿等的领导下，美洲殖民地的人民与英军打成一团。富兰克林一看，扔掉手边的科研工作，准备向诸葛亮学习"联吴抗曹"。于是，他一溜烟就出使法国巴黎等地，大打"三国牌"。经过长达28年的谈谈打打、打打谈谈；1783年，各方签署《巴黎和约》，英国同意美洲殖民地独立。华盛顿、富兰克林、杰斐逊等签署了《独立宣言》和《美国宪法》等开国文件。

1790年4月17日深夜11点，富兰克林这位"与诚实和勤勉相伴一生"的杰出人物在其孙子的怀中安静地闭上了双眼，享年84岁。四天后，费城举行了隆重的葬礼，数万人为他送殡，全城服丧一个月以示哀悼。同年7月17日，另一位巨人、经济学鼻祖亚当·斯密也驾鹤西去。

其实，富兰克林的故事还没讲完。在科技方面，他还解释了北极光的成因，发现了感冒的原因、墨西哥湾暖流、呼出气体的有害性等。他还发明了蛙鞋、摇椅、玻璃琴、高次幻方、双焦点眼镜、颗粒肥料等。在军事方面，他是一位能征善战的将军，而且坚信"送给敌人的最好的东西是宽恕，送给对手的是容忍，送给朋友的是真心，送给孩子的是好榜样，送给父亲的是尊重，送给母亲的是能让她以你为荣的品行，送给自己的是自尊，送给所有人的是慈悲"。在行政方面，他制定了新闻传播法、议员选举法、近代邮信制度，还曾任美国首位邮政局局长。在外交方面，他更是谈判高手。在慈善方面，他捐建了富兰克林·马歇尔大学，筹建了宾夕法尼亚州立大学，促成了全美首家医院的建立。

第二十回

数学王子玩通信，高产高斯真高人

17⁷⁷ 年（乾隆四十二年），数学王国中发生了两件大事。

其一，英文字母 i 被欧拉正式用于表示虚数单位。从此，曾被笛卡儿认为是虚假数的"虚数"成为了数学的宠儿，曾被莱布尼兹认为是"美妙而奇异的神灵、既存在又不存在的两栖物"的虚数有了自己的正式户口。数学的研究领域得到了极大的扩展，一类"无大无小、无正无负"的数引来了数学界的"新物种大爆发"。不过，那时人们对虚数的了解还非常肤浅，甚至连欧拉这样伟大的数学家都说："（虚数）是不存在的数，因为它所表示的是负数的平方根。对于这类数，我们只能断言，它既非什么都不是，也不比什么都不是多些什么，更不比什么都不是少些什么，它们纯属虚幻。"

其二，这一年的 4 月 30 日，在德国的布伦瑞克诞生了数学王国的另一位也是最后一位数学王子，他就是历史上最重要的数学家之一卡尔·弗里德里希·高斯（Carolus Fridericus Gauss）。这位数学王子不但很快就使得虚数不再"虚幻"，而且像另外三位数学王子（阿基米德、牛顿、欧拉）那样成就丰硕。以他的名字命名的科学成果就多达100多个，属数学家之最；其开创性成就覆盖了数论、代数、统计、分析、力学、光学、静电学、天文学、微分几何、大地测量学、地球物理学、矩阵理论等领域。作为历史上的著名数学家、物理学家、天文学家、大地测量学家和近代数学的奠基者之一，高斯对人类科学发展的影响之大，很难用语言形容。用爱因斯坦的话说，那就是"高斯对近代物理学的发展，尤其是对于相对论的数学基础的贡献，其重要性超越一切，无与伦比"。用美国著名数学家贝尔的话说，那就是"在高斯死后，人们才知道，他其实早就预见了19世纪的许多数学成就"。用文艺青年的话说，那就是：若将18世纪的数学家想象为一座座高山，那么最让人肃然起敬的那座山峰就是高斯；若将19世纪的数学家想象为一条条大河，那么其源头也是高斯。用普通青年的话说，那就是：高斯不但早熟，还是个天才，其创造力从不衰竭，直到生命的最后一刻。

伙计，在你的心目中，高斯的形象已经闪闪发光了吧？早年的高斯其实是个典型的"穷 N 代"，这里 N 大于或等于3。他的祖父是一个目不识丁的农民，外祖父也只是一个卖苦力的石匠。他的父亲早年也是一个诚实的农民，后来当过园丁、护堤人和喷泉师等。高斯读高中时，父亲则主要以杀猪为业。再后来，他还当过工头、小商贩和保险评估师等。所以，父亲具有一定的书写和计算能力。母亲34岁时才结婚，是父亲的第二任妻子，虽然智商不低，但从未受过正规教育，最多算作一个半文盲，斗大的字只认得几箩筐。不过，母亲曾在大户人家当过女佣，所以，她也见过一些大世面。这对后来高斯的成长起到了关键作用。每当父亲强迫高斯尽早弃学从农时，母亲总是坚定地站在高斯一边，支持他读书成才。

高斯是家里的独子，温柔而聪慧的母亲对他倍加疼爱，而为人谨慎而坚毅的父亲则对他很严厉，甚至有些过分，因为父亲始终笃信只有力气才能挣钱，学问这种东西对穷人没用。高斯从小就有非凡的记忆力，其数学天赋尤其出众，好像就是为数学而生似的。他对一切事物都十分好奇，总想弄个水落石出。据说，3岁时，他就曾纠正过父亲算账时所犯的错误。虽不知这个传说是否真实，但是高斯确实曾半开玩笑地说："我在学会说话前就已学会计算了！"

高斯能成为伟人，他的舅舅绝对功不可没。舅舅经常给他讲故事，陪他玩游戏，还送给他有益的读物，特别是启发他正确地思考问题，比如为啥很轻的小石头会沉入水底，而更重的大木头能浮于水面。你也许会觉得这样的舅舅不是很平常嘛！但对高斯来说，这一点也不亚于雪中送炭，因为父亲对高斯的勤学好思颇不以为然，心中只有勤俭持家，每当黄昏时便催促儿子早早上床睡觉，以节约灯油。于是，在舅舅的帮助下，高斯悄悄制作了一个小油灯，每晚都躲在低矮的角楼里，借着微弱的光线，如饥似渴地阅读着舅舅送来的各种书籍。若干年后，功成名就的高斯在回想起舅舅为他所做的一切时还深怀感激之情，他承认舅舅的思想对自己产生了不可替代的作用。在高斯的心目中，舅舅永远都是"一位多产的天才"。总之，正是由于舅舅的慧眼，以及他对父亲的劝导和对自己的鼓励，高斯才没像他父亲那样最终成为"穷 $N+1$ 代"的园丁或泥瓦匠。

7岁时，高斯上小学。10岁时，他进入数学兴趣班，老师名叫布特纳，他对高斯的成长也起到了重要作用。一天，布特纳正在布置一道作业题：$1+2+3+\cdots+100=$？哪知高斯瞬间就给出了正确答案。起初老师很不相信，但当高斯解释了其新颖算法后，布特纳惊呆了：原来这位农家子弟竟有如此非凡的数学才能！从此，老师对高斯刮目相看，经常送给他各种数学书籍，大大开拓了他的视野。布特纳曾公开说："高斯已超过我了，我没有什么可教他的了。"布特纳的赞扬不但大大增强了高斯的信心，也使他成了周围十里八村的知名"学霸"。这就为他日后获得贵人的资助埋下了伏笔。后来，高斯与布特纳成了终生挚友，他们一起学习，互相帮助。

1788年，11岁的高斯小学毕业了，父亲希望儿子赶紧回家帮忙，养家糊口。后经母亲、舅舅特别是布特纳的再三劝说，甚至布特纳承诺负担高斯的全部学费，父亲才终于同意让儿子继续升入中学学习。

在中学期间，高斯不但听课认真，而且自学了欧拉的《代数大全》等数学专著，开始深入思考若干重大数学问题。11岁时，他开始思考二项式展开问题；12岁时，开始怀疑欧几里得几何，为后来成为非欧几何创始人拉开了序幕；16岁时，已看到了非欧几何的曙光。面对数学问题，高斯突飞猛进；但是，面对经济问题，他一筹莫展。布特纳的家境也不富裕，肯定供不起大学生。中学毕业后，高斯又该咋办？布特纳万分着急，四处求人，欲为高斯拉些赞助。布特纳的真诚终于感动了一位心地善良的人——斐迪南公爵，他是高斯人生中最重要的一位贵人。这位公爵早就听闻了高斯的名字，所以，经简单面试后，高斯这位朴实聪明而家境贫寒的苦孩子赢得了公爵的同情。公爵立即表态，愿意资助高斯完成高等教育。

1792年，在公爵的资助下，高斯进入了大学预科学院，开始了一段崭新的学术生涯。他也进入了一生中思想最活跃的时期和科研成果的第一个爆发期。在此期间，他认真研读了牛顿、欧拉和拉格朗日等数学家的著作，并留下了大量的读书笔记，知悉了当时的数学前沿。在欧拉著作的影响下，高斯对数论产生了特殊偏好，甚至认为"数学是科学的皇后，而数论是数学的皇后"。1795年，高斯运用数学归纳法，首次严格证明了数论中著名的二次互反律，其证明思路之精妙至今仍让数学家们拍案叫绝。高斯实在太优秀，所以，1795年他从预科学院毕业后，公爵送高斯进入德国著名的哥廷根大学继续深造。这就使得高斯得以按照自己的理想勤奋学习，开始了更高水平的创新。果然，高斯不负厚望。在大学期间，他像变戏法一样接二连三地取得了若干令人咂舌的重大成果，比如质数分布定理、算术几何平均等。特别是在1796年，19岁的高斯竟然解决了自欧几里得以来2000多年未解决的著名数学难题，给出了正十七边形的尺规作图法！他用代数方法证明了构造的正确性，从而填平了代数与几何之间的一个鸿沟。这次成功使高斯大为振奋，他不但决定"将十七边形图案作为自己的墓志铭"，而且下决心把毕生精力奉献给数学。

1798年9月29日，高斯以优异的成绩从哥廷根大学毕业了。但他未立即就业，而是回家赶写博士学位论文。对此，妈妈十分矛盾。一方面，她真心希望儿子能干出一番伟大的事业，而且她对高斯的才华极为珍视。另一方面，她虽知儿子已取得了几项重大数学成就，但仍不敢让他投身于数学，毕竟研究数学不能养家糊口呀！于是，这位可怜的慈母便向她知道的数学家们请教了一个问题：高斯将来会有出息吗？当得到的答案几乎都是"您的儿子将成为欧洲最伟大的数学家"时，妈妈激动得热泪盈眶，从此便死心塌地支持儿子研究数学。

1799年，高斯顺利地获得了博士学位，同时获得了一个讲师职位。按常理，高斯的经济问题此刻就该彻底解决了。可是，虽然高斯的名气很大，但他讲课实在太臭，学生不愿听，他自己也不想讲。所以，一来二去，他的课堂就门可罗雀了。随之，学费收入时断时续，只能依靠粗粮面包勉强维生了。就在这个关键时刻，斐迪南公爵再一次出手相助。他给高斯提供了充足的生活费，让他安心从事科研而不受贫穷之扰。他送给高斯一套公寓，让他有住处和科研场所。他为高斯支付了长篇博士学位论文的印刷费，还在1801年为高斯解决了首部代表作《算术研究》的出版资金等。总之，只要有利于高斯的学术研究，公爵都毫不犹豫地提供足额资助。公爵的这些善举令高斯十分感动，他在博士学位论文和《算术研究》的扉页上都醒目地写下了情真意切的献词："献给斐迪南大公，您的仁慈将我从所有烦恼中解放出来，使我能从事数学这种独特的研究。"

由于高斯的杰出工作，他的名声从1802年起就已传遍整个欧洲。圣彼得堡科学院不断暗示：自1783年欧拉去世后，欧拉在圣彼得堡科学院的位置一直在等待着像高斯这样的天才。但是，斐迪南公爵坚决劝阻高斯去俄国，他甚至愿意给高斯增加薪金，并为他提供所需的一切科研环境。公爵的慷慨资助不但使高斯收获了众多科研成果，也收获了甜蜜的爱情。1805年10月9日，高斯娶回了自己心爱的媳妇，夫妇二人于1806年8月生下了一个宝贝儿子。可是，就在这一年，高斯的经济靠山斐迪南公爵在抵抗拿破仑军队的耶拿战役中不幸阵亡。这给高斯以沉重打击，甚至让他悲痛欲绝。

公爵去世后，经济问题再一次把高斯逼到了死角。我们虽不知其生活到底艰难到何种程度，但后人在他当时的笔记中确实找到了这样一句伤心话："对我来说，与其苟且生，不如早点死。"那时，他必须尽快找到一份合适的工作，以维持全家人的生计。为了不使德国失去高斯这样伟大的天才，著名学者洪堡联合各界大佬，历经千辛万苦，终于为高斯争得了一个享有特权的职位——哥廷根天文台台长，兼哥廷根大学数学和天文学教授。1807 年，高斯举家迁往哥廷根，他总算又渡过了一劫。1808 年 2 月 29 日，他的宝贝女儿诞生了。也许有读者会问：高斯不是数学家吗，咋会就任天文台台长呢？问得好！这就是高斯的神奇之处了。早在 1802 年，高斯就在天文学上取得了震惊世界的重大成果。与其他所有天文学家不同的是，高斯在浩瀚的宇宙中寻找新天体时不用望远镜，甚至根本不用眼观天象，而只是掐指一算，就准确无误地找到了当时大家都在拼命寻找的谷神星。更不可思议的是，高斯总共用的时间不足 1 小时。原来高斯发明了一种新的数学算法，如今称为最小二乘法。他能通过仅仅三个点就推算出星体的完整轨迹，当然也就可以很快计算出天体的精确位置了。至今，高斯的这种方法仍是寻找变量间精确关系的首选。

后来的事实证明，高斯确实是一位出色的天文台台长。在上任后的第三年，即 1809 年，高斯的天文学巨著《天体沿圆锥曲线绕日运动的理论》正式出版了。该书详细阐述了在各种观测情况下，特别是在被大行星干扰的情况下，如何计算天体（特别是小行星）的轨迹。该书所介绍的方法简化了轨道预测的烦琐数学运算，至今仍是天文计算的基石。后人利用该方法陆续发现了海王星和若干小行星。高斯的这部名著很快被法国巴黎科学院评为优秀著作，并颁发了巨额奖金。从此，对高斯来说，经济问题就再也不是问题了。正当高斯欣喜若狂时，突然噩耗传来：夫人在生下第三个孩子后不久，竟与婴儿一起病死了！这一晴天霹雳使高斯深受打击，他甚至有过轻生的念头。他夫人的闺蜜于次年 8 月 4 日嫁给了高斯，这才使得他重新有了精神支柱。高斯的第二位夫人分别于 1811 年、1813 年和 1816 年生下了三个孩子，她还精心抚养高斯的另外两个孩子。后来，这些孩子都相当成功，其中一个还成了美国国家银行行长。

自担任天文台台长后，高斯便对数学及其应用展开了研究，按时间大致可分为如下四个阶段。

第一阶段：1818 年之前。此时，高斯主要从事天文学及相关数学研究。1812 年，为了用积分方法求解天体运动的微分方程，他考虑了无穷级数，并研究了超级几何级数的收敛问题。高斯的天文观测一直持续到 70 岁。

第二阶段：1819 年至 1831 年，他主要从事大地测量及相关数学研究。为了测绘汉诺威公国的地图，他进行了大量野外考察。为了研究地球表面，他开始考虑曲面的几何性质，并于 1827 年发表了《曲面的一般研究》，其中涵盖了如今微分几何的许多内容。这些成果启发后来的黎曼发展了三维或多维空间的内蕴几何学，形成了爱因斯坦广义相对论的数学基础。在此期间，高斯还发明了日光反射镜。这是一种能大幅度改善长距离土地测量的仪器，它利用一面镜子把阳光反射到上千米远的地方，以标记准确位置。从功能上看，这种仪器相当于今天的 GPS。

第三阶段：1832 年至 1848 年，他主要从事磁学及相关数学研究。高斯和比他年轻 27 岁的物理学家韦伯合作，从事磁学研究。韦伯做实验，高斯研究理论，他俩优势互补。韦伯引起了高斯对物理学的兴趣，而高斯用数学处理物理问题的思路也促进了韦伯的工作。1832 年，高斯将复数引进了数论，开创了复整数算术理论。1833 年，高斯与韦伯合作，研制了世上首个电报机。1839 年，高斯出版了地磁方面的巅峰之作《地磁的一般理论》。

1840 年，高斯和韦伯画出了世上首张地球磁场图，并确定了地磁南极和北极的位置。为了纪念高斯在磁学方面的成就，人们用他的名字命名磁场强度的单位。1847 年，高斯完成了两卷本地理测量巨著《高等大地测量学理论》。

第四阶段：1848 年以后。作为年逾古稀的老人，高斯晚年虽未取得重大突破，但他一直保持着旺盛的创造力。据不完全统计，高斯一生总共发表了 323 篇著作，提出了 400 多项科学创见。不过，他仅公开发表了其中的 178 项，其他很多创见都是由后人从其手稿里发现的。这主要是因为高斯的科研态度非常严谨，他对待论著的态度始终都是"宁可少发表，也必须确保成果的成熟性"。

对了，还有一点需要补充。那就是作为一位才华横溢的科学家，高斯本人虽无名师指导，基本上全靠自学成才，但是他培养出了许多优秀的学生，比如后来闻名于世的戴德金和黎曼等。

1855 年 2 月 23 日凌晨 1 点，高斯在其位于哥廷根的家中安然去世，享年 77 岁。为了纪念高斯的杰出贡献，后人将月球上的某个环形山命名为"高斯环形山"，将第 1001 号小行星命名为"高斯星"。至此，请允许我们再次向伟大的高斯深表敬意！

伙计，看完本回后你一定会纳闷，高斯咋能被列入通信名人榜？哈哈，由于高斯的成果太多了，他的通信成就反而被淹没了。前文说过，早在 1833 年，高斯和韦伯一起发明了电报机。他们还在德国哥廷根架设了一条长达 1.6 千米的电报线路，发出了第一份有意义的电报"米契尔曼（实验助手的名字）来了"。可惜，他们的这台电报机于 1845 年毁于雷电。

第二十一回

惠斯通发明电报，闹乌龙连连逗笑

提起本回主角惠斯通，你也许脱口说道："哦，他不就是初中物理课本中所说的发明惠斯通电桥的那个牛人嘛！"抱歉，你只说对了一半。他确实是一个牛人，但他不是惠斯通电桥的发明者，而只是使用者。准确地说，他是让惠斯通电桥一举成名的使用者。原来德国物理学家欧姆的开创性成果传入英国后竟被打入了冷宫，因为那时英国人完全没有清晰的电学概念，更不懂啥叫电阻。惠斯通利用英国人克里斯蒂在1833年发明的一种桥形电路，在1843年做了一个著名的公开实验，不但测出了相关器件的电阻，还发明了一种电阻可调节的变阻器，从而让英国人充分认识到了欧姆定律的价值。从此，惠斯通的这个实验迅速传遍全球，甚至进入了中学课本。实验中所用的那个电桥也被张冠李戴地称为惠斯通电桥，从而闹出了物理学史上的一个乌龙。

与惠斯通有关的乌龙还有不少。比如，有一个密码乌龙，细节详见拙作《密码简史》。大概情节是，1853年至1856年间，英法与俄国为争夺小亚细亚地区，爆发了拿破仑之后规模最大的克里米亚战争。在此期间，英国人所使用的主战密码叫普莱费尔密码。1899年至1902年间，英国人与布尔人为争夺对南非的控制权，爆发了著名的布尔战争。在此期间，英国人所使用的主战密码也是普莱费尔密码。在如此重要的两场大战中，英国人为啥用了同一种密码呢？原来，普莱费尔密码是一种典型的表格代换密码。与当时的其他密码相比，它有很多明显的优点。一方面，在当时最强大的密码破译手段——频率分析面前，它的安全性最高。另一方面，它简单易学，几乎任何人都能很快学会。据说，在1854年的一个晚宴上，普莱费尔将军向英国王子和后来的英国总理帕默斯顿勋爵成功演示了该密码的使用方法，并当场教会了他们如何加密和解密。还有一个故事说，有一次，普莱费尔将军向英国外交部部长介绍该密码，而这位部长嫌这套密码太复杂。于是，普莱费尔拍着胸脯保证说，他能在10分钟之内教会任何一个小学生。"这完全可能，但是，"部长接着说，"你永远也教不会外交官。"哈哈，这显然是在调侃。

书说至此，你也许以为普莱费尔密码应该是由普莱费尔将军发明的吧。抱歉，又闹乌龙了，该密码的真正发明者其实是本回主角惠斯通。当初该密码并不受重视，后来经惠斯通的朋友普莱费尔竭力宣传和推广后，该密码才得到了重视。所以，为了感激朋友的鼎力相助，惠斯通干脆将该密码的冠名权送给了普莱费尔将军。看来，惠斯通对名誉并不太看重。

惠斯通为啥有资格进入本书呢？这主要是因为他与一位合作伙伴库克（1806—1879）一起申请了历史上首个电报专利，并在1837年研制出了一套实用电报系统。故事大概是这样的：1836 年 3 月，刚刚退役的青年军官库克从印度买回了一台当时很先进的希林六针电报机，并立即开始对其进行改进。但他的理论功底不够，他在遇到电磁学难题后便去请教当时已经大名鼎鼎的物理学家惠斯通。两人一见如故，齐心协力，于三个月后就研制出了更先进的五针式电磁电报机。它比原来的 6 针少了一针，因此使用起来更简捷。从今天的角度看，五针式电磁电报机的原理其实非常简单，它相当于在收发双方之间同时拉了 6 根电线，其中一根为火线，其他 5 根为地线，它们各自接一台检流计，只要接通或切断相应的电路，检流计的指针便会向左或向右偏转。发报者只需要按事先约定，每次接通或切断 5 根电线中的两根，便可得到 20 种不同的指针摆动图案，它们分别对应于 20 个不同的英文字母。另外，在这种电报系统的字母表中，C、J、Q、U、X 和 Z 这 6 个字母已被去掉。由此可见，当时他们的编码方法确实还很差劲，有待继续改进。

同年 7 月，库克和惠斯通公开进行了电报收发演示，信号的传输距离超过 2 千米。随后，他们创立了自己的电报公司。1839 年 1 月 1 日，他们的电报机被正式应用于英国铁路公司的两个相距 20 千米的火车站之间。从此，人类首次有了比火车跑得还快的通信工具，大大提高了火车调度和车距控制的效率。据说有一次，一名逃犯跳上了当时最快的交通工具——火车，结果该逃犯在下一站束手就擒了。原来，接到通缉电报后，警方早就在那里守株待兔了。此事成为了当天的头号新闻，电报从此变得家喻户晓。

在接下来的 1840 年中，当鸦片战争在中国爆发时，库克和惠斯通又改进了相应的编码方法，将电报机由 5 针简化为 3 针，后来再简化为两针，最终造出了单针电报机。此外，他们又发明了印刷电报机，还进行了海底电报实验，同时大量生产并销售电报机，有力地促进了英国电报业的迅速发展。至此，指针式电磁电报机基本定型。1852 年，英国电报业已初具规模，实用电报线路的长度超过 1 万千米。而电报系统是完全开放的，敌方可轻易获取电文。因此，为了保护通信双方的隐私，就必须对信息进行加密。于是，惠斯通在 1854 年发明了一种新型密码——普莱费尔密码，以满足日益增长的保密需求。可惜，后来不知发生了何事，库克和惠斯通发生了争执，二人的关系逐渐破裂，以至影响了电报机的进一步改进。

好了，下面该让惠斯通正式亮相了。

话说，1802 年（嘉庆七年）又是一个众多名人诞生之年。这一年，雨果和大仲马在法国诞生，拿破仑迫不及待地自任法国"终生执政官"，著名的西点军校在美国成立。这一年的 2 月 6 日，在英格兰洛斯特附近的一个乐器制造商兼长笛老师之家，诞生了一个比女孩还羞涩的男孩，他的名字叫查尔斯·惠斯通（Charles Wheatstone）。他从小就害怕与人交往，经常独自躲进阁楼，埋头玩游戏。但他十分聪明，爱好非常广泛。无论是动手或动脑的事情，他只要愿意，都能一学就会，一干就成。

大约 14 岁时，惠斯通到伦敦跟着叔叔学习制作乐器，接受了严格的工艺训练。这为他随后的物理实验打下了坚实的基础。惠斯通非常喜欢读书，经常到旧书摊淘宝。有一天，他还真发现了宝贝。那是一本介绍伏打电池的科普书，于是他毫不犹豫就将它淘回了家。可这是一本法文书，看起来很费力，他只好又积攒了几个月的零花钱，买回一本英法字典。他不但很快读完了这本书，还照猫画虎制成了一个伏打电池。惠斯通很善于观察。

比如，在为乐器调音时，他敏锐地注意到，音调和音色好像都与声音的振动有关，而且声音的振动还能远程传递。经过仔细研究和精心准备，他在19岁那年公开演示了一个让众人震惊的实验：借助一根紧绷的金属丝，将钢琴的振动传递给远处的一个七弦竖琴，并让该琴发声，弹奏出相应的曲调。一时间，他成了当地的一个小明星，乐器店的生意更加红火，叔叔自然很高兴。

21岁那年，惠斯通终于出师了。他像叔叔那样开了一家乐器作坊，同时将更多的精力用于研究一些稀奇古怪的事情，一次又一次让亲友们惊掉下巴。25岁时，他发明了一种"万声筒"，能直观地演示不同振动模式产生的振动曲线。30岁时，他通过同时敲击一根管子的两端，成功地演示了当时谁也不曾注意到的驻波现象，即波形好像伫立不动一样。当然，从今天的角度来看，所谓驻波不过是频率相同、传输方向相反的两束波沿传输方向形成的一种分布状态而已。驻波现象几乎无处不在，比如水波和树梢震颤等都与驻波有关，管弦乐器的声音也来自弦上或管中的驻波。31岁时，他又在正方形平板上演示了不同振动模式的叠加，让肉眼不可见或稍纵即逝的各种振动变得直观且可留存。

惠斯通演示各种实验，当然不是想哗众取宠，而是在深入研究若干声学和光学现象，并完成了多篇高水平的学术论文。后来，他的论文被译成法文和德文，他也成了当时颇有国际影响力的科学人物。在他32岁那年，伦敦国王学院果断出手，破例将他这位无文凭、无资历、无背景的"三无"人员聘为实验物理学教授。实际上，惠斯通不适合当教授，因为他缺乏最基本的表达能力。他在大学任教期间，经常被挂在黑板上，下不了台。伦敦国王学院特事特办，对他大开绿灯，不但减免了他的教学任务，还给他大涨工资，让他可以在教授岗位上安心从事科研工作。

后来，他就接二连三地做出了许多重大成果，甚至在被聘为教授的当年就来了个开门红，设计了一个非常巧妙的实验——著名的旋转镜法来测试电流的速度。以今天的标准来看，实验结果的误差很大，但其思路影响深远，为后人提供了测量快速运动的物体的有效方法。4年后，他的旋转镜法启发物理学家阿拉果成功地设计出了光在空气和水中的传播速度的比较实验。15年后，这个实验又启发科学家菲索首次准确地测出了光速。16年后，这个实验再启发科学家傅科为光的波动理论提供了有力证据。人们测量光速的大多数实验（比如著名的迈克尔逊光学实验）和许多声波振动实验都在某种程度上采用了惠斯通的旋转镜法。

成为伦敦国王学院教授的第二年，惠斯通再创奇迹。他发现不同金属的火花所放出的电光谱不同，这就提供了一种被后人长期广泛使用的鉴别金属特性的新思路。从这时起，惠斯通的科研成就开始井喷，他获得了众多荣誉。他在34岁时当选为英国皇家学会会员；35岁时当选为法国科学院外籍院士，同年还发明了电报；41岁时制成了一种永磁发电机，同年还完成了惠斯通电桥实验，不但使自己真正领悟了欧姆定律，更让该定律在全球物理学界生根发芽；50岁时发明了一种幻视镜，可以把透视图像倒映在人眼里；54岁时又研制了感应发电机，并将它成功地用于工程引爆和电报系统，从而可以实现远程传递信号和操控爆炸装置（类似于现在的遥控，不过是有线遥控）；65岁时设计了一种发电机，有力推动了直流电机的发展。

惠斯通的研究领域实在太广泛，横跨光学、听觉、电录音、发电机等方面。比如，他不但正确地阐述了人眼的视觉和色觉等生理原理，而且发明了一种名叫极钟的、根据阳光偏振角确定太阳位置的仪器。他还发明了一种至今仍被广泛用于 X 射线观察和航空照相等场景的体视镜，以及多种自动记录仪等。

1875 年 10 月 19 日，惠斯通在巴黎去世，享年 73 岁。同年，丹麦童话作家安徒生去世，同治皇帝去世，年仅四岁的光绪即位。

第二十二回

改行画家莫尔斯，电报之父传百世

在整个通信界，名气最大的人物之一当数本回主角莫尔斯（有时也翻译为摩尔斯）。即使在全世界，莫尔斯也是响当当的明星，许多人都称他为"电报之父"，甚至拿他当电子通信的代名词。我们当然也赞同这个观点。从过去百余年来莫尔斯电码对社会的影响及其对可见未来的预测和展望等方面来看，莫尔斯电码与其他同类发明相比都高明了许多。但同时必须客观指出，若仅仅从时间维度来看，在电报机概念的产生、电报机的诞生、电报专利的申请、实用电报的发出、电报公司的成立等方面，莫尔斯都不是第一个吃螃蟹的人，但他是其中最突出的。

实际上，早在莫尔斯之前80多年的1753年，一位名叫摩尔逊的英国人就提出了一种静电电报机设想：他用26根电线分别代表26个英文字母，发信方按待传信息的文本在电线的一端施加静电，收信方在电线的另一端堆放一些碎纸屑。当碎纸屑因静电而被某根电线吸附时，该电线所代表的字母便是此刻发信方正在发送的字母。这种电报机显然只是玩具，不能远程传递信息。

早在莫尔斯之前30多年的1804年，一位名叫萨瓦的西班牙人就研制出了首款直流电电报机。他的做法是：将26根代表不同字母的金属线浸泡在盐水中。该电报机与静电电报机类似，需要发送哪个字母时，代表该字母的导线就接通直流电，只不过此时的接收装置不再是碎纸屑，而是装有盐水的玻璃管。当电流通过时，盐水会被电解，产生小气泡，依此就能辨识出发信方所发送的到底是哪个字母。

早在莫尔斯之前约15年的1822年，俄国外交官希林就根据电磁感应现象设计了更先进的电磁电报机，其原理是：既然磁针在有电流通过时会产生偏转，电流的强弱能决定磁针偏转角度的大小，那么这种偏角的变化就能传达某种信息。希林又发明了相应的适用于俄文的电报电码。由于希林的信源编码不够优秀，其电报机未立即大规模应用，因为他的电报机需要8根导线和7台电流计，所以也被称为七针式电磁电报机。直到1837年，俄国沙皇才在圣彼得堡和皇宫之间架设了首条电报线路。这时希林却意外去世，架线工程半途而废。

前文提到，几乎与莫尔斯同时，英国的库克和惠斯通改造了希林的电报机，并在1837年6月研制出了更先进的五针式电磁电报机，它的导线减少为6根，电流计减少为5台。同年，他俩还在英国申请了第一个电报专利，进行了公开的电报收发演示，信号传输距离约为1.6千米。1839年1月1日，他俩的电报机正式应用于英国铁路公司的两个相距20千米的火车站之间。至此，指针式电磁电报机基本定型。

既然莫尔斯的电报机并无时间上的优势，那么他凭啥成为"电报之父"呢？嘿嘿，就凭一份非常简单的、如今被称为莫尔斯电码的表格（见下表）。

莫尔斯电码

字符	电码符号	字符	电码符号	字符	电码符号
A	·—	N	—·	1	·————
B	—···	O	———	2	··———
C	—·—·	P	·——·	3	···——
D	—··	Q	——·—	4	····—
E	·	R	·—·	5	·····
F	··—·	S	···	6	—····
G	——·	T	—	7	——···
H	····	U	··—	8	———··
I	··	V	···—	9	————·
J	·———	W	·——	0	—————
K	—·—	X	—··—	?	··——··
L	·—··	Y	—·——	/	—··—·
M	——	Z	——··	()	—·——·—
				—	—····—
				·	·—·—·—

任何电报系统都由软件和硬件两部分组成，其中硬件部分可以看成"魄"，比如静电电报机的导线和碎纸屑等，直流电报机的导线、盐水和玻璃试管等，电磁电报机的导线、电流计和指针等都属于硬件部分；软件部分可看成"魂"，比如上述表中的莫尔斯电码。它是电报系统的核心，分别

用一些长度各不相同的代码串来表示 26 个英文字母和常见的数字符号，而且代码中的符号只有 5 种，即点、划、短停顿（用于标示点和划之间的停顿）、中停顿（用于标示每个词之间的中等停顿）、长停顿（用于标示句子之间的长停顿）。在后来的实用性电报机中，它们的声音分别对应于"嘀"、"嗒"、短时静默、中等时间静默和长时静默。比如，字母"A"用一个长度为 3 的代码串来表示，可表示为点、短停顿、划；字母"B"用一个长度为 7 的代码串来表示，可表示为划、短停顿、点、短停顿、点、短停顿、点；问号"？"用一个长度为 11 的代码串来表示，可表示为点、短停顿、点、短停顿、划、短停顿、划、短停顿、点、短停顿、点。

于是，当收发双方都采用相同的莫尔斯电码时，电报通信原理就非常清晰了。发信方想发送某个字母时，只需通过电流的通断操作，让对方听到该字母在莫尔斯电码中所对应的代码串的声音就行了；而收信方在收听到这些声音后，根据莫尔斯电码查找所听到的那串声音对应的字母，就可以知道发信方发送的是哪个字母了。如果能把每个字母和字符都发送给对方的话，那么就能把任何文章发送给对方了。莫尔斯电码的厉害之处在于：它几乎能嵌入任何硬件系统中，比如它能使五针式电磁电报机简化为一针，直流电报机的 26 个试管简化为一个试管，静电电报机的 26 根导线简化为一根导线，甚至还能让古老的烽火台传递更为复杂的命令等。另外，莫尔斯电码不但被直接使用了 100 多年，到 1999 年才被最终淘汰，而且它的思想早已转化为信源编码的灵魂，广泛应用于音频、视频、文本等几乎所有数据通信中。在可见的未来，莫尔斯电码的思想仍将不可替代，当然肯定会有所改进。

我们为啥要花费那么大篇幅来介绍莫尔斯的"电报之父"地位呢？关

于这个问题，人们争吵了上百年。早在莫尔斯还活着时，人们为了争夺电报的发明权，他就一会儿是被告，一会儿是原告，一会儿又被拒绝授予专利权，曾被搞得穷困潦倒。这到底是咋回事儿呢？欲知详情，请读下文。

1791 年，即乾隆五十六年，是提出电磁感应学说的著名物理学家法拉第出生的那一年，也是奥地利作曲家莫扎特去世的那一年。这一年 4 月 27 日，在美国马萨诸塞州诞生了本回主角塞缪尔·芬利·布里斯·莫尔斯（Samuel Finley Breese Morse）。

莫尔斯从小就明显感到来自老爸头顶的光环的压力。老爸是一位精力过盛的奇人，被尊为"美国地理学之父"，也是当地的一位著名牧师，更是美国联邦党的积极拥护者。面对这样的老爸，作为家中的长子，莫尔斯当然得争气。莫尔斯从小就喜欢艺术，对绘画和雕刻更是入迷，甚至很早就开始出售自己的画作来换取零花钱。8 岁时，他进入当地的一个艺术学院。14 岁时，他进入耶鲁大学修读宗教哲学和数学等课程，其间也云里雾里地旁听了几次电学讲座。19 岁时，他从大学毕业，然后被父亲安排到波士顿去当书店学徒。仅仅数月后，莫尔斯就发现自己被大材小用了，毅然于 1811 年 6 月 14 日漂洋过海，乘船前往伦敦皇家艺术学院深造，画技当然进步神速。24 岁学成归来后，他在波士顿开设了一家艺术工作室，很快接到了多笔大生意。他为多位总统和巨富画了肖像，其作品甚至挂进了美国的国会大厅。在业余时间里，莫尔斯经常搞些稀奇古怪的发明。26 岁那年，他与弟弟联合发明了大理石三维雕刻机，但未能成功获得专利。

28 岁时，莫尔斯娶回了一个漂亮媳妇。34 岁时，他的绘画生涯达到顶峰，但人生的第一个重大打击从天而降。当时，他应邀在纽约给一位著名民族英雄画肖像，突然于 1825 年 2 月 10 日接到老爸的一封急信。待他急忙奔回家时，患产褥热的妻子在他收到急信前的 2 月 7 日就已去世，甚至因迟迟等不到他回家的消息而入葬了，只留下嗷嗷待哺的四个孩子。

悲痛欲绝的莫尔斯从此开始思考：如何才能提高远程通信的速度，避免再现类似的遗憾。35 岁时，他在纽约创办了国家设计学院并亲任校长。后来，父母相继去世，他在 38 岁那年咬牙将孩子托付给弟弟，只身再次前往当时的世界科技中心欧洲。不过，这次他想在那里找到快速通信之法，可惜一无所获，只好在 41 岁时打道回府。在回程的轮船上，他偶然结识了美国科学家杰克逊，后者向他展示了自己的电磁学著作，介绍了欧洲的电磁学进展。从此，莫尔斯产生了研制电磁电报机的想法，甚至在船上就开始绘制电报机原型草图。当然，他并不知道此时英国的惠斯通和库克等也正在做类似的工作。

回到纽约后，莫尔斯立刻全身心地投入到电报机研制工作中。很快，他的积蓄花光了，生活也陷入了困境。无奈之下，他只好在 45 岁时重新就业。首先，他参与竞选纽约市市长，结果惨败；接着，他担任了纽约大学艺术教授，同时继续研制电报机。如今回头再看时，这段经历非常关键，因为在纽约大学期间，他结识了物理学教授盖尔，后者帮他解决了包括继电器等在内的难题，使得电流的通断信号能传到远方。当时的直流电很弱，必须依靠继电器来接力。此外，莫尔斯还在这里结识了纽约大学毕业生艾尔菲德·维尔。甚至有这样一种说法：莫尔斯电码的核心思想主要归功于维尔，因为他提出"通过点、划和停顿，让每个字符和标点彼此独立发出"。无论这种说法是否属实，从法律角度看，莫尔斯电码的专利权都只属于署名者莫尔斯，因为那时维尔的身份只是科研助手而已。

书说简短，1838 年 1 月 6 日，莫尔斯终于在新泽西州首次公开展示了自己发明的电报机，并迅速获得了美国专利。可是，此时的他早已没钱实现电报机的产业化了。经过连续 6 年的不懈努力，他才终于获得美国政府的 3 万美元资助，建成了全程 64 千米、从华盛顿到巴尔的摩的电报线路。53 岁那年，莫尔斯电报开始正式投入商用，从此电报业在美国迅速发展。10 年内，美国就铺设了大约 3 万千米的电报线路，后来电报电缆更从美国越洋铺设到了欧洲。

这下子莫尔斯总该发大财了吧？抱歉，他不但没发财，反而更穷了。一方面，他在 57 岁那年娶了第二任妻子，生下了另外四个孩子。另一方面，包括美国政府在内的全球许多用户都拒绝向莫尔斯支付专利费，其理由是他们不承认莫尔斯是电报机的发明者，至少不是唯一发明者。那位启发莫尔斯研制电报机的杰克逊（就是莫尔斯在从欧洲回国途中碰到的那位科学家）首先起诉莫尔斯，控告他剽窃了自己的想法。后来，莫尔斯也向其他人发起了诉讼，相关细节此处不再啰唆。打了若干年的官司，直到 63 岁以后，莫尔斯的专利主张才最终获得美国最高法院的支持，他才开始收到专利费。

不过，此时钱财对莫尔斯本人来说意义已不大。晚年的莫尔斯一直致力于慈善事业，慷慨资助了许多学校、教会和贫困艺术家等。1872 年 4 月 2 日，莫尔斯带着自己人生的唯一污点（黑奴制度的积极拥护者）在纽约因肺炎逝世，享年 80 岁。同年，清朝政府首次派遣留学生出国留学，中国历史上最有影响的人物之一曾国藩在这一年去世。

第二十三回

菲尔德海缆之父，大西洋疯狂豪赌

本回主角既不是科学家也不是工程师，而是敢于赌上身家性命的投资家。他历经 12 年的磨难，终于在 1866 年建成了首条越洋电缆，人类的通信事业才能有今天的辉煌。后人奉他为"海缆之父"，他的壮举不但促进了整个通信领域的全面发展，还打开了人类"地球村"的信息化大门。即使在今天，即使有了卫星和无线通信技术，全球 90% 以上的国际数据仍是通过海缆进行传输的。

闲话少说，书归正传，下面有请主角闪亮登场。

1819 年（嘉庆二十四年）11 月 30 日，在美国威斯康星州的一个富豪冒险世家中，诞生出了一个更爱冒险的"小悟空"塞勒斯·韦斯特·菲尔德（Cyrus West Field）。只见他刚一出世就手搭凉棚，把家族老祖宗们的冒险经历看了个透。哦，祖先们在 16 世纪就冒险将当时的反动学说——哥白尼日心说从意大利传到英国；17 世纪，又冒险从欧洲漂洋过海到美洲定居；18 世纪，在商海冒险，赚了个盆满钵满，让自己抱着金砖来到人间。

生在如此世家，想不冒险都难！16 岁时，菲尔德从当地的一所大学毕业，他说服父亲，单枪匹马直奔冒险之都纽约。经作为律师的哥哥推荐，他顺利进入超级富豪斯图尔特的纺织品商店当学徒。老板对他那热情友好和积极认真的态度赞不绝口，不惜连续三年以直线递增方式给他涨工资。到第四年，他却意外辞别了老板，毅然回家，协助另一位哥哥开办造纸厂，从此走上了冒险创业之路。他一会儿当助理，一会儿管财务，一会儿又前往纽约和英格兰推销纸张。他在此期间的最大收获就是在纽约跑业务时被"天上掉下的林妹妹"砸中。两人一见钟情，旋即结婚，从此过上了美满幸福的生活。因妻子不想离开纽约，菲尔德便决定以小股东身份加入纽约的一家纸张批发公司。结果，该公司因经营不善，在1837年开始的那场金融风暴中破产。家里不差钱的菲尔德哪能放过这次冒险机会，他盘下了这家公司，将其更名为"菲尔德公司"，然后重新开张。在经济复苏的大环境中，菲尔德把这个公司经营得风生水起，很快就成为全美顶级纸张批发商，刚刚30岁的他就成了创业富豪。

挣钱从来就只是菲尔德的手段而非目的，他的真正目的是冒险，要冒天下之大险，冒他人不敢冒之险。所以，淘满第一桶金后的菲尔德开始犯难了：下一步干啥呢，哪里有险可冒呢？好吧，既然在美国无险可冒，那么就去南美洲探险吧。于是，他将公司交给妻弟打理，自己则冒死闯入南美洲安第斯山脉的荒原地带。从热带雨林到冰天雪地，从峡谷深洞到悬崖峭壁，哪里刺激，他就去哪里。一路上，他或者写生绘画，或者打猎捕鱼，或者采集标本。1853年10月，34岁的他再回纽约时，展现在亲友面前的是一位左手上歇满大鹦鹉、右手牵只美洲虎的部落猛士了。

几天后，探险归来的菲尔德又心痒了，再冒点啥险呢？正在他百无聊赖之时，加拿大电报工程师吉斯伯恩找上门来。此人也是一位冒险家，不但一手创办了纽芬兰电报公司，还在一年前冒了一次大险，试图建设一条长达600千米、从纽芬兰到纽约的海底电缆。如此一来，从英国发送给纽约的信息就可先用海船送到纽芬兰，再从纽芬兰通过电报传送到纽约，从而缩短至少一天的信息传递时间。这对许多金融信息来说，几乎就能决定成败。可工程刚开始不久，吉斯伯恩的资金链就断了，公司也破产了。于是，不服输的他登门游说菲尔德，试图邀请这位大冒险家出手相助。据说，他做足了准备，故意夸大了某些风险，以激发大冒险家的斗志。可哪知抱着地球仪的菲尔德一边听一边摇头。待到表态时，菲尔德毫不客气地拒绝了。"完了，没戏了！"正当吉斯伯恩后悔自己吓跑了菲尔德时，突然"啪"的一声，只听后者一拍桌子高说道："一不做，二不休，为啥不直接从纽约铺设到英国呢？这至少可以缩短三周的信息传递时间呀！"这次该吉斯伯恩傻眼了。莫非这菲尔德疯了，横跨凶险的大西洋，铺设长达3000多千米的海底电缆，这在当时无异于痴人说梦。他哪敢与疯子为伍，因为他知道，仅仅在两年前，布雷特兄弟的海底电缆虽成功地跨越了英吉利海峡，但这与跨越大西洋相比，简直就如小丘比泰山。他刚刚失败的海底电缆建设计划在菲尔德的疯狂计划面前也不过是小巫见大巫。

可菲尔德哪管这些，他说干就干，不但马上拿出巨资成立了海底电缆公司，还凭三寸不烂之舌，说服了英国和美国的众多超级富豪，让他们出钱、出力、出资源。电缆制造商来了，铺设专家来了，英国政府和美国政府也来了，他们甚至同意派出军舰，分别承担向对岸同时铺设海底电缆的任务。一时间，菲尔德的计划成了欧美大陆的头等大事。《纽约先驱论坛报》称赞它为"人类有史以来最伟大的天才事业"，《纽约晚报》宣称它能"使人类同呼吸，共命运"，理想主义者更相信"人类将从此再无征伐，和平王国就在眼前"。总之，人们对该计划寄予无限厚望。于是，菲尔德这位洋诸葛的"五出祁山"也就拉开了序幕。

一出"祁山"的开工日期定在 1857 年 8 月 8 日。当天的开工仪式热闹非凡，至今都恍如昨日，简直就是"锣鼓喧天，鞭炮齐鸣，红旗招展，人山人海"。两艘经过改装的军舰各自满载长达 2000 千米的电缆从爱尔兰出发，徐徐驶离岸边。它们一边航行一边向海底铺设电缆，同时测试电缆是否能正常收发信号。刚开始时，一切顺利。待到当天午夜时分，长达 150 千米的电缆就已妥妥地铺在了海底。8 月 10 日凌晨，施工队开始进入深海区。这时，第一个威胁出现了。原来海水越深，施放的电缆需要承受的拉力越大。若电缆的质量不过关，电缆就会被拉断。到了 8 月 10 日晚上，船岸的信号突然中断，虽经人们数小时努力，仍然毫无音讯。正当大家手足无措时，信号又突然恢复了。电缆受到的拉力越来越大。待到凌晨 3 点 45 分，只听"嘭"的一声，电缆彻底断裂，军舰被瞬间弹出水面，既毁坏了船上的铺缆机，又丢失了至少 600 千米的电缆。第一次努力宣告失败。

回到岸边的菲尔德不但要承受失败的痛苦，也得面对各位股东和民众的冷嘲热讽，还得马上总结经验教训。他既要提高电缆的质量指标，又要改进铺设设备，还得提高信号检测仪器的灵敏度。当然，他更少不了继续筹集资金，以备早日复工。

经过 10 个月的精心准备，菲尔德又信心满满地在 1858 年 6 月 10 日开始了二出"祁山"。这次的军舰增至四艘，每两艘为一组，从大西洋中心分别向美洲和欧洲大陆进发。这次的铺设速度提高了一倍，以前的问题再也没出现了。可是，第二个更严重的威胁来了。6 月 13 日，大西洋上突然狂风大作，被电缆"捆住手足，牵着鼻子"的军舰在巨浪中忽隐忽现，随时都可能被大海吞没。当时最佳的自救办法肯定是砍断电缆，让军舰顺风漂流，但这意味着前功尽弃。冒险家菲尔德决定拼命一搏，在付出了 45 人受伤的沉重代价后，总算暂时渡过这一劫，余下的铺设任务只需 5 天了。眼见胜利在望，"狂风后遗症"却爆发了。原来因受风暴的强力拉拽，电缆多处断裂，铺设计划再次失败，而且损失更大，所有已铺设的电缆全部沉入大海。

　　越挫越勇的菲尔德用自己的信誉再次说服董事会，重新购回质量更好的电缆和设备，准备适时进行第三次努力。不到一个月，菲尔德又带着船队，于 1858 年 7 月 17 日再次挑战大西洋。书说简短，历经千难万险，穿越大西洋的海缆终于在 1858 年 8 月 5 日成功联通了，测试信号一切正常。这意味着人类总算实现了越洋通信的瞬间传递。消息一出，美国和欧洲沸腾了，各大媒体的号外像雪片一样满天飞！菲尔德登上了人生巅峰，被视为英雄。各地都在狂欢，宴会、舞会、演讲、游行络绎不绝。8 月 16 日，美国总统还收到了英国女王通过海底电缆发来的贺电。一时间，公众的热情更加高涨。纽约市政厅，上百支步枪在早晨朝天鸣放后，中午再放。在全市的多个广场上，当晚还举行了盛大的焰火表演。可惜仅仅半个月后，菲尔德突然被打进了十八层地狱，被各大媒体唾骂为骗子。人们甚至怀疑女王的贺电也系捏造，许多人干脆认为越洋电缆一直就是骗局。原来从 9 月 2 日下午开始，电缆信号迅速减弱，最终莫名其妙地彻底消失了，民众深感被愚弄。一句话，第三次努力又遭惨败。

身败名裂的菲尔德仍不服输，决心再次舍命一搏。这次他充分吸取前期的教训，在各方面都使出奇招。为了保证电缆质量，他让电缆生产商以产品入股菲尔德公司，若因电缆故障而失败，则电缆商不但得不到报酬，还将失去相应的股份，并照价赔偿。同样，他对其他设备生产商和船只老板也提出了类似的苛刻条件。可是，持续4年的美国南北战争打响了，铺缆工程只好暂停，各项准备也受影响。菲尔德终于在1865年7月23日带着当时抗风暴能力最强的、以蒸汽机为动力的火轮低调出发了。这次本来一切顺利，到8月2日，已铺设近2000千米，其间虽有小问题，但整体上有惊无险，电缆也未断裂。可是在最后一刻，由于操作失误，电缆竟意外脱落，突然掉进深海而消失得无影无踪了。第四次努力功亏一篑，巨额投资再次泡汤。

经过短暂的情绪调整后，几近破产的菲尔德押上全部家当，决定最后豪赌一把，毕竟第四次失败本该幸免。于是，他对操作程序进行了严格规范，对施工人员进行反复训练，对熟练工人予以重奖。1866年7月13日，菲尔德第五次带着船队出发了。这一次，工人们热情高涨，态度也出奇地认真。一位质量监督员在日记中写道："我一直全神贯注，倾听任何异响，从早到晚皆是如此。头脑中除了电缆还是电缆。"仅仅两周后，越洋电缆便于7月27日铺设成功。至此，菲尔德终于如愿以偿，他高兴得号啕大哭。为了这一刻，他不但耗尽家资，更被世人误解；为了这一刻，他4年未曾回家，先后跨越大西洋30多次。9月2日，再传喜讯，第四次消失在大海中的那条电缆被侥幸找到了。当然，菲尔德后来得到的回报十分惊人，他很快就再次成了全球富豪。

越洋海底电缆的故事讲完了。伙计，有啥感受呢？若有如此干劲，还愁何事不成呢？不过，投资有风险，入市需谨慎！你看，仍是这位菲尔德，他后来热衷于华尔街的投机活动，结果巨亏，搞得晚景很凄凉，女儿成了神经病，儿子卷入证券欺诈案。1892 年，菲尔德告别人世。人们在其墓碑上写道："他的勇气、精神和毅力使人类有了越洋电报。"

第二十四回

绝对温标开尔文，电缆衰减发明人

提起本回主角的名字汤姆生，你肯定不陌生，但就像国内有太多的"李二娃"一样，全球也有太多的"汤姆生"。到底是哪个汤姆生呢？这可不好回答，因为即使限定人类历史上的顶级物理学家，那么也至少有三个汤姆生，即威廉·汤姆生、约瑟夫·约翰·汤姆生、乔治·佩吉特·汤姆生。

幸好时任英国国王给本回的汤姆生赐予了一个独特的名字，叫开尔文。所以，下面主要称他为开尔文了。实际上，这个名字至今还在多个科学领域频繁出现呢，比如开尔文波、开尔文材料、开尔文机制、开尔文光度、开尔文变换、开尔文电桥、开尔文天平、开尔文定理、开尔文函数、开尔文测量法、开尔文电报机、开尔文不稳定性、开尔文环流定理等。当然，大家最熟悉的莫过于国际标准温度单位"开尔文"了。英国国王为啥要给这位汤姆生赐名呢？当然是要表彰他在科研方面的巨大贡献，准确地说，英国国王所赐的名字全称是"开尔文男爵"，把一个名叫开尔文的小镇名誉上赐给了他作为领地。至今，英国还有一条河叫开尔文河，有一个公园叫开尔文森林公园。开尔文一生在热学、光学、数学、电磁学、流体力学、地球物理、工程应用等许多领域都取得了重大突破。他自己曾说："科学巅峰在哪里，我就在哪里攀登不息。"他还声称："别把数学想象得太难，它只不过是常识的升华而已！"妈呀，口气好大！他到底是何方神圣，竟如此胆大包天！欲知详情，请看下文。

1824年6月26日，在英国贝尔法斯特城诞生了一个大胖小子。哇，小家伙好可爱哟，滴溜溜转的大眼睛闪闪发光。他既像玉娃娃，更像瓷宝宝。父母一高兴就给他取了一个极平凡的名字，叫威廉·汤姆生（William Thomson），希望"名贱命贵"。后来的事实证明，这孩子的命真贵，以至英国国王都得给他授勋赐爵。

按规定动作，呱呱坠地时，开尔文本该扯着嗓子，不断哇哇大哭，但他很快就破涕为笑了，他发现自己的命真好。父亲是英国皇家学会会员，性情温和，治学勤奋；母亲乃富家千金，是一个典型的贤妻良母。开尔文是家中的老四，上面有两个姐姐和一个哥哥，今后还将有一个弟弟和一个妹妹。全家6个兄弟姐妹，非常热闹，其乐融融。小开尔文格外聪明伶俐，所以他最受父母宠爱。6岁那年，爱他的和他爱的妈妈不幸去世了！老爸勇敢地挑起了照料全家的担子，他不但把更多的爱奉献给了子女，而且特别重视孩子们的早期教育，以至在家里培养出了多位神童。真的，你看，在孩子们大约7岁时，作为数学教授的老爸就开始煞有介事地向开尔文和哥哥系统性地讲授数学了。每天清晨，老爸还带着孩子们到郊外散步，并提出各种有趣的应景问题，以此培养孩子们思考的习惯。这时孩子们都兴奋得像小麻雀一样，叽叽喳喳抢着发表意见。聪慧好学的开尔文当然更兴奋了，他不但抢着回答问题，而且主动提出千奇百怪的问题。

书说至此，读者可能会担心了。他们每天这样悠闲地散步，上学迟到了咋办？嘿嘿，谢谢提醒，其实他们从未迟到过，因为他们压根儿就没上过学！原来老爸天生就是教育家，其最大的乐趣就是向孩子们传授知识，把他们培养成才。所以，老爸亲自设计了一套教育体系，既有广度又有深度，既能保护孩子们的心灵又能增进其智力。老爸送给孩子们的玩具很特别，绝非平常人家的刀枪棍棒等玩意儿，而是地球仪和天球仪等另类智力"玩具"。这样便在不知不觉中激发了孩子们的无尽想象。老爸还亲自讲课，亲自编教材，亲自批改作业。他一人独揽了子女们的启蒙教育、小学教育和中学教育，直到开尔文 8 岁上大学为止。是的，你没看错，就是"8 岁上大学"。在开尔文 8 岁那年，老爸到母校格拉斯哥大学任教。于是，全家人便搬迁到格拉斯哥这个英国北部第一大港口城市定居。后人在若干科学史中都把开尔文称为"格拉斯哥的汤姆生"，以区别于其他著名的"汤姆生"。开尔文一生中的主要故事都发生在这里。

第一个故事便是他上大学的故事，准确地说是他上格拉斯哥大学的故事。刚开始时，大家没将这个书包里装满玩具的 8 岁小孩放在眼里，甚至课间休息时还拿他逗乐解闷。这时，他只是一个旁听生。可几场考试下来后，大哥哥、大姐姐们就眼直了，下巴也都快惊掉了。妈呀，原来他是位小学霸！经过旁听，开尔文的眼界大开，不但所学知识更全面系统，而且接触到了许多有趣的实验。有一次，这个"学霸"级调皮蛋在电学实验课上学到了一招，回家后便仿制了几个莱顿瓶和伏打电堆。再后来，他巧施妙计，骗得妹妹好奇地摸了一把。"啪"的一声，妹妹被吓哭了，显然她遭到电击了。紧接着，又是"啪"的一声，开尔文也哭了。这次也是一击，只不过是被老爸在屁股上打了一巴掌。

10岁时，开尔文正式考入格拉斯哥大学预科班，潜心学习数学、物理学和天文学等课程。12岁时，他对古典文学产生了兴趣，并因将萨莫萨塔的古诗《与上帝对话》从拉丁语翻译为英语而得奖。14岁时，他进入剑桥大学，开始正式学习大学课程。同班的大哥哥和大姐姐们这下可被小学霸羞惨了。若问到底羞得有多惨，那简直是惨不忍睹，此处就别再揭旧伤疤了。总之，像什么考试第一名了，课堂上对答如流了，作业轻松搞定了，这些都只算小菜一碟。更厉害的是，这位年纪小小的"大学霸"几乎独揽了剑桥大学设立的所有奖项。15岁时，他获得全校物理学奖；16岁时获得全校天文学奖，同时还因完成一篇出色的论文《地球的形状》而获得大学金质奖章。对了，开尔文可不是书呆子。他在剑桥大学读书时积极参加体育运动，尤其擅长田径和单人划艇。此外，他还对训诂、音乐和文学等有浓厚的兴趣。

羞罢同学后，开尔文又开始羞教授了。咋羞呢？当然是用一系列高水平论文来"打击"教授们的自信心嘛！在他16岁那年的春天，老爸带着全家人出国旅行，既定路线是渡过多佛尔海峡，顺着莱茵河南下，途经区域主要在德国境内，其目的显然是想借机提高孩子们的德语水平。知子莫如父，为了让孩子们玩个痛快，老爸事先制定规矩："旅行期间，不准带书，更不准读书，以免分散精力，影响玩耍质量。"但是，区区几句话咋管得住正陷入沉思的开尔文呢？只见他略施障眼法，就将法国数学大师傅里叶的《热的数学分析》一书藏进了旅行袋。他一路观景，一路读书；白天游玩，晚上读书；在老爸眼前玩耍，在老爸背后读书。即使与老爸一起玩耍时，他其实也在积极思考傅里叶书中的内容。实在看不懂时，他便假装若无其事地与老爸一起探讨。果然，书虫老爸很快就中招，主动扑上来与儿子一起啃书，早把规矩给忘到九霄云外了。于是，旅行结束后，一篇有关傅里叶理论的论文也就完成了。此文指出了另一位权威老教授凯伦特的一个错误，并得到了该教授的认可，还被推荐到剑桥大学的数学杂志上公开发表。哇，开尔文顿时就名扬全校了！此后几年里，开尔文更像黄河决堤一样，高水平论文一篇接一篇，内容涉及数学、电学和热力学等。17 岁时，他发现了电力线、磁力线和热力线的类比关系。18 岁时，他开始研究热量传播的不可逆性（热量总是从高温物体传到低温物体，而不能反向传递）。更加难能可贵的是，开尔文研究这些问题时都能熟练运用很多数学定理。此时，他已显示出了今后成为杰出数学物理学家的潜质。这也许得益于著名数学家霍普金斯的指导。看来，还真是名师出高徒呀！

在大风大浪中勇往直前的开尔文也确实"在阴沟里翻过船"。故事发生在 1845 年 1 月，当时 20 岁的开尔文虽然毫无悬念地通过了剑桥大学的毕业考试，但其成绩大失众望，因为他竟破天荒地只得了一个"第二名"！事前老爸确信"儿子稳拿第一名"。一个主考教授还自嘲道："我们也许不配判开尔文的卷子！"在第二次史密斯奖考试时，开尔文夺得了桂冠，总算找回了一点面子。

此后，开尔文的简历就非常简单了。1845 年，他从剑桥大学毕业，然后跟随物理学家和化学家勒尼奥在巴黎从事了一年的实验工作。1846 年，他受聘为格拉斯哥大学自然哲学教授，任职长达 53 年之久。在此期间，他于 1866 年被封为爵士，1892 年晋升为勋爵，1904 年任格拉斯哥大学校长，直至去世。不过，这里说开尔文的简历简单绝非说其故事简单。不信的话，请你继续往下读。

我们先讲一个令人遗憾的故事。开尔文在电磁理论方面的成就虽然已经不小，他建立了电磁量的精确单位标准，为近代电学奠定了基础，但是他的成就本来应该更大，甚至有可能更早创立麦克斯韦方程，结果最终因为缘分不够，竟与这个伟大成就擦肩而过。按事后诸葛亮们的分析，其遗憾源自两个方面。

其一，源自主观方面。也许因为成名太早，所以开尔文比较自负，不善于学习别人的长处。比如，在撰写论文时，他很少参考别人的著作，特别是同时代人的著作；而且在写论文时，他也是龙飞凤舞，一挥而就。据说，他习惯用铅笔写作，还常常写在零乱的稿纸上，未加认真整理就送出付印。实际上，早在 1846 年他就开始"试图用数学公式把电力和磁力统一起来"。在 1846 年 11 月 28 日的日记里，开尔文清楚地写下了这样的话："上午十点一刻，我终于成功地用'力的活动影像法'来统一表示电力、磁力和电流。"换句话说，电磁理论在他的笔下呼之欲出了。只可惜他就缺这一"呼"，否则，电磁统一理论的诞生就会提前至少 10 年。那么，开尔文所缺的这一"呼"到底在哪里呢？答案是：在法拉第那里！如果当初开尔文听从了法拉第的当面建议，认真阅读法拉第公开出版的专著《电学实验研究》，那么也许这一"呼"就不缺了。

其二，源自客观方面，开尔文没能及时得到法拉第的大力指导。1847年夏天，开尔文曾将自己的论文抄寄给了法拉第，并附上了一封令今人惊叹不已的书信。他在该信中说："这是我的一篇论文，它从数学上论述了电力和磁力的相同之处，表明了电力和磁力之间存在着必然联系……若该理论成立，那么将它与光的波动理论联系起来，就完全可以解释磁性的极化效应了。"但非常可惜的是，不知何故，法拉第竟未回信。他若能在该关键时刻得到法拉第的点拨，那么也许历史将会重写。书中暗表，从现在的角度来看，无论是何种因素导致法拉第未回此信，这件事对法拉第来说都是巨大的损失。因为，一方面，"电与磁之间彼此相关"是法拉第的猜想，若他认真阅读了开尔文的那篇文章，也许他的猜想很快就变成了现实；另一方面，即使当时法拉第年老体衰或久病初愈，他还有一个更好的选择，那就是聘请精通数学的开尔文为助手，从而一举两得。

虽然由于各种机缘巧合，开尔文和法拉第都未能最终完成电磁的统一理论，但是开尔文的功绩决不可否认。第一，开尔文确属"革命军中的马前卒"，确实做了不少开拓性工作。第二，开尔文把自己的思想毫无保留地告诉了麦克斯韦，才使后者"笑到了最后"。书中暗表，这也是开尔文的伟大之处，他对于自己的任何创新思想都从不保密，只要遇到知音，他便会爽快地"竹筒倒豆子"。

再讲一个喜剧故事。当开尔文被法拉第忽视时，另一位伟大的物理学家焦耳却慧眼识珠，发现了开尔文这个后起之秀。于是，焦耳手疾眼快，便与开尔文合作，将他引上了另一条完全不同的道路——热力学研究，从而最终成就了热力学中最伟大的人物之一，催生了"热力学之父"。

开尔文与焦耳的相遇本身就富有戏剧性。早在 1845 年，当开尔文还是一个学生时，他就在剑桥大学聆听过焦耳的精彩学术报告，从此成为后者的忠实粉丝。1847 年，已是格拉斯哥大学教授的开尔文在牛津大学的一个学术会议上又聆听了焦耳的一个学术报告。这次焦耳的报告内容广受质疑，当时许多著名热力学家都反对焦耳报告的观点。开尔文也属于反对派，他本想等焦耳的报告一结束就马上起来反驳。但是，他突然"临阵倒戈"，成了焦耳学说的坚定支持者，因为他听懂了报告中的真理。会后，他赶紧向焦耳请教。二人一见如故，大有相见恨晚之意。当时，焦耳29岁，开尔文23岁。从此，他俩成了莫逆之交。

在焦耳的鼓励下，开尔文转向了热力学研究。果然，他的天才能力很快就得到了充分发挥。第二年，开尔文就创建了绝对温标，如今它已成为国际单位制中的七个基本物理量之一，描述了客观世界的真实温度。1851年，开尔文提出了热力学第二定律（不可能从单一热源吸热，使之完全变为有用功而不产生其他影响），并用反证法指出，若此定律不成立，那么就必定存在一种永动机，它通过使海水或土壤冷却而无限制地得到机械功，即所谓的第二种永动机。紧接着，他根据热力学第二定律断言，能量耗散是普遍趋势。1852年，开尔文与焦耳合作，改进了焦耳气体自由膨胀实验，进一步研究了气体的内能，从而发现了焦耳－开尔文效应（被压缩的气体通过窄孔进入大容器以后会膨胀降温）。这一重大发现是获得低温的主要方法之一，至今仍广泛应用于低温技术之中。1856年，开尔文从理论上预言了一种新的温差电效应，如今称为开尔文效应，即当电流在温度不均匀的导体中流过时，该导体除产生不可逆的焦耳热之外，还要吸收或放出一定的热量。

最后，再讲一个感人的故事，那就是开尔文的爱情故事。1852年9月，功成名就的开尔文在28岁那年娶回了与他青梅竹马的克拉姆。可是蜜月还未度完，妻子就突然病倒了，而且一病不起，直至17年后不治身亡。在此期间，开尔文一边埋头科研，一边尽心照顾妻子。他不但毫无怨言，而且体贴入微，好像他们一直在度蜜月，整整度了17年的蜜月，让人好不羡慕。在首任妻子去世 4 年后，37 岁的芳妮走进了开尔文的心田。开尔文在 1874 年 6 月 24 日与芳妮结成秦晋之好，并一起白头到老。这次射中他们的丘比特之箭是名副其实的光速之箭。开尔文在千里之外给芳妮发了一封电报"嫁我？"，然后瞬间收到回复"耶！"。

1900 年 4 月 27 日，开尔文在英国皇家学会做了一次著名演讲，题目为《覆盖热量和光线的动力学理论的 19 世纪的两朵乌云》，简称《两朵乌云》。由于内容过于专业，此处不介绍"两朵乌云"的具体含义，但是必须指出的是：在 20 世纪，人类为了驱赶这"两朵乌云"，创立了两个伟大的物理学理论，其中一个是相对论，另一个是量子力学。

1907 年 12 月 17 日，开尔文在苏格兰的家中病逝，享年 83 岁。开尔文的生命故事至此虽已结束，但他的科学故事才刚刚开始，并将永垂不朽！

对了，差点忘了，我们为啥要为他写小传呢？这倒不是因为他发明过开尔文电报机，而是因为他创立的电报电缆衰减理论指出信号衰减与电缆长度的平方成反比。正是因为有了这个理论，人类才敢跨越大西洋，成功铺设长达 3000 多千米的海底电缆，实现洲际有线电报通信。

第二十五回

泊松分布揭秘密，泊松人生创奇迹

      提起泊松，我们马上就会想到如雷贯耳的泊松分布，它是日常生活中很普遍的一种离散概率分布，其数学曲线看似平原上突现的孤峰，它几乎会出现在各个学科分支中。不同的学者会将它译为卜瓦松分布、普阿松分布、布瓦松分布、布阿松分布、波以松分布、卜氏分布等。此处也算借机做个名词统一吧。

    泊松分布是啥意思呢？稍严格点说，它是指：当一个随机事件，如某电话机收到的呼叫次数、某公交车上的乘客人数、某放射性物质发射的粒子数、显微镜下某区域内的白细胞数等，以固定的平均瞬时速率，随机且独立出现时，这个事件在单位区间内出现的次数将会近似地服从泊松分布。更形象地说，泊松分布就是指泊松发现的这样一种普遍现象：在足够大的人群中，随意指定一个指标，那么大部分人的该项指标值都会分布在其平均值附近，或者说很少出现异类。有趣的是，在人生的重要方面，泊松自己却屡屡违反泊松分布。

若按泊松分布，在一群科学家中，大家的成就应该彼此相当，泊松却把其他科学家远远甩在了身后，他在数学和物理学等领域都取得了不少奠基性成就，其证据便是为纪念他而沿用至今的众多令人眼花缭乱的专业术语，如泊松比、泊松流、泊松核、泊松积分、泊松方程、泊松过程、泊松级数、泊松变换、泊松代数、泊松括号、泊松公式、泊松定理、泊松斑点、泊松求和法、泊松稳定性等。正是因为泊松有如此丰富的成果，他的通信专家的身份反而被淹没了。实际上，若没有他开创的数学物理方法，可能就没有随后的麦克斯韦方程，也就不会有电磁波的发现，更谈不上无线通信。此外，泊松还解决了静电学和静磁学中的许多重大问题。至于现代通信中比比皆是的泊松分布现象，更使得他在通信领域中的地位不可动摇，虽然通信成就对他来说只是九牛一毛。

若按泊松分布，作为风云人物，他在长达半个世纪的科学生涯中，在近 10 次残酷的改朝换代斗争中，总该受到至少一次冲击吧，几乎不可能"任凭风浪起，稳坐钓鱼台"吧。实际上，与他同时代的其他法国科学家的命运几乎都服从泊松分布，只是轻重程度不同而已。例如，"化学之父"拉瓦锡被早早地砍了头，物理学巨人安培等被改朝换代搞得家破人亡，更多的科学家则像静电学开创者库仑那样迅速销声匿迹，过上了隐居生活。当然，也有极个别科学家靠出卖灵魂来苟延残喘。反观泊松，他基本上守住了道德底线，而且事业上硕果累累，社会地位的提升更是势不可当。总之，他的一生堪称传奇，在各主要方面都属泊松分布中的异类。君若不信，咱就来复盘他的人生轨迹吧。

1781 年，即乾隆四十六年，是鸦片战争中抗英名将关天培诞生之年，也是莫扎特的歌剧《克里特王》首次公演的那一年，还是海顿的《善有善报》首演的那一年、人类首次发现天王星的那一年以及美国独立战争胜利那一年。这一年6月21日，在法国卢瓦雷省的一个底层小市民家里诞生了一个营养不良而后来运气奇好的婴儿，他就是本回主角西莫恩－德尼·泊松（Simeon-Denis Poisson）。

泊松的妈妈既聪明又勤劳。在做家务时，她经常将儿子放在摇篮中来回晃荡，以致成名后的泊松在被问及何时开始研究摆动理论时，他风趣地说："我在摇篮中时就已经熟悉了摆。"泊松的父亲曾是一名普通的法国军人，也许是怀才不遇，也许是无一技之长，父亲在军队里始终未被重用，退役后也只当了一个默默无闻的小职员。从此，他开始痛恨贵族阶层，并给儿子灌输了许多阶级斗争的思想，希望将儿子培养成钢铁般的革命者，培养成腐朽制度的掘墓者。不过，从后面的事实来看，泊松好像完全违背了父亲的意愿。他始终对政治不感兴趣，只关心自己的科研和教学。他一辈子都"两耳不闻窗外事，一心只读圣贤书"，一辈子都在埋头写作，一辈子都喜欢教书。他甚至常说："人生只有两样美好的事情，即发现数学和教数学。"泊松心中始终没有仇恨，反而是朋友遍天下。他乐意帮助他人，也经常受到他人的帮助，甚至是暗地里的帮助，从而数次在不知不觉中躲过了劫难。泊松既与贵族打成一片，因为他该高贵时就能很高贵，难怪著名数学家阿贝尔曾说"泊松知道怎样做到举止非常高贵"。泊松也能与底层人士交心，因为他从不摆架子，深得平民喜欢。泊松还特别低调，无论是做人或做事，他都不刻意张扬，而是顺其自然。总之，泊松就这样从一个穷小子起步，在乱世中走向了自己的人生巅峰。他不但学业有成，还最终成为贵族中的贵族。不知他父亲此时会做何感想，会不会仇恨自己的贵族儿子?

在泊松 8 岁那年，法国大革命爆发，波旁王朝被推翻。老爸总算有机会出头，被革命政府任命为村长，家里的日子也随之好转，有能力将 17 岁的儿子送进著名的巴黎综合工科学校。当然，泊松的入学考试成绩也是响当当的第一名。

泊松一入学就受到校方重视。刚开始时，他奉父命学医，可入学后发现自己对问诊确实没兴趣，只好转向数学，从此便如鱼得水，甚至很快就成了数学家拉格朗日和拉普拉斯的得意门生。实际上，最早发现泊松的数学天才的人是差点被革命者赶出法国的"敌国特务"拉格朗日。当时泊松刚入学。经过短短几节函数理论课后，拉格朗日慧眼识珠，发现了台下的这匹千里马。后来，他俩成了好朋友，泊松得到了拉格朗日的多方照顾，学业进展迅速。早在大二期间，当其他同学还在忙于课堂作业时，泊松就已发表了两篇学术论文。如今回头再看，这两篇论文的水平一般，第一篇只是论述了"贝祖消去法"，第二篇也只是给出了有限差分方程的积分数而已，但它们从别的方面对泊松后来的成功产生了巨大的作用。第二篇论文经著名数学家、椭圆积分理论的奠基人、曾被迫隐居的勒让德推荐后，发表在一本名为《新秀作品集》的新刊上。这对年仅18 岁的泊松来说，不但是莫大的荣誉，更是当时特殊时期的及时雨，让他获得了进入科学巨人圈的机会。他很快就受到了当时已是拿破仑的宫廷重臣、后来又被拿破仑讥笑为"墙头草"的数学大师拉普拉斯的青睐。拉普拉斯甚至将泊松视为亲儿子，为他提供了终生的学术指导和呵护。书中暗表，为啥说当时是"特殊时期"呢？因为，这一年（1899 年）是整个法国历史上的重要年份，法国经过近 10 年的"你方唱罢我登场"的动乱后，终于开始出现稳定的势头。拿破仑在这一年发动雾月政变，自任第一执政官，建立了持续 15 年的独裁统治。从科研角度看，此时的最大特点在于，政府不再声称"共和国不需要学者"了。实际上，拿破仑相当重视科学和科学家。泊松恰巧在此时发表论文，可谓是在正确的时间干了正确的事情。另外，必须强调，在拿破仑上台前的历次改朝换代中，"泊松未受冲击"当属正常现象，完全符合泊松分布。这是因为一方面，泊松本来出身低微，是革命者的"自己人"；另一方面，泊松此时还未成年，受到了父亲的护佑。

19 岁时，泊松以全优成绩从大学提前毕业，并被母校留任辅导员，专门为学习困难的学生答疑解惑。这个任务对他来说简直就是小菜一碟，因为早在当学生时，他的宿舍就门庭若市，各年级学生甚至许多师兄和师姐争相求教于他。他一边辅导学生，一边研究数学和物理，不断取得越来越大的成果。两年后，他晋升为副教授。在 25 岁时，在拉普拉斯的大力推荐下，他又升为正教授，接替刚被拿破仑委以重任而离开的著名教授傅里叶。两年后，泊松再被重用为法国经纬局的天文学家。书中暗表，这里的经纬局可不是一般的政府机构，它的任务之一就是为拿破仑征服他国打前站，以科学考察为名去他国进行大地测量，实际上就是地形侦察。泊松在经纬局的工作肯定也很出色，以致他随后就稳稳地坐上了"直升机"。拿破仑称帝四年后，28 岁的泊松调任刚成立的巴黎理学院，任数学教授。在 31 岁时，他当选为巴黎科学院院士。

泊松 34 岁时，拿破仑第二次被赶下了皇位，很快死在一个孤岛上。波旁王朝第二次复辟。但是，作为拿破仑时期的"红人"，泊松的人生未受到影响，他在 35 时被聘为索邦大学教授，36 岁时结婚，39 岁时升为高级教授，40 岁时成为响当当的贵族，被波旁王朝授予男爵称号。泊松一如既往地低调，他从未利用过自己的男爵头衔，更不曾拿它向任何人炫耀过。在45 岁时，他被选为俄国圣彼得堡科学院名誉院士，46 岁时接任刚升为法国科学院院长的拉普拉斯此前的职位，成为法国经纬局的首席几何学家。书中暗表，这次翻天覆地的改朝换代为啥又没伤及泊松呢？主要原因可能有两个：一方面，泊松的老师拉普拉斯此时成了新王朝的宠臣，不但再次获封爵位，更成为新王朝的科学代言人；另一方面，波旁王朝并未把学者当成敌人，甚至千方百计拉拢和利用著名科学家。

泊松 49 岁那年，波旁王朝又被推翻，法国进入了又一个新王朝——七月王朝统治时期。新王朝本想清算前朝"红人"泊松，甚至已开始秘密商量如何撤销他的院士和男爵头衔等，但当时泊松的社会影响已非同小可，新王朝不敢轻举妄动。此时，法国科学院院长、著名物理学家、法国对外战争的民族英雄、曾经拯救过许多法国科学家的阿拉果又在不知不觉中伸出了援手。由此可见，泊松的人缘确实不错。原来，阿拉果不动声色，在一次新朝王公贵族聚集的大型宴会上，以著名数学家的身份突然隆重推出了泊松，使后者受到包括新国王在内的与会者的热烈欢迎。虽然其中难免带有礼节成分，但毕竟也是一种态度。于是，泊松平安渡过了这一劫，在 7年后还被新王朝作为科学界代表推选为法国贵族院成员。从此，泊松就成了贵族中的贵族。

1840 年 4 月 25 日，泊松安然逝世于法国索镇，享年 58 岁。众所周知，这一年，闭关锁国且完全不重视科学和科学家的清政府在鸦片战争中惨败。

书说至此，也许有人觉不过瘾，还想知道泊松的更多生平事迹，但是流传至今的信史材料只有这些了。在这一点上，泊松倒是罕见地服从了泊松分布，因为生活在那个时代的法国著名科学家几乎都没留下多少生平信息。也许还有人质疑，为啥不介绍一些泊松的具体科学成果呢？唉，我们当然想介绍，可它们太抽象了，别说咱普通人，就算是一般的数学家在泊松那浩如烟海的成果面前也会不知所措。因此，这里只好留点遗憾，请有特殊兴趣的读者另行研读吧。

第二十六回

此格林非彼格林，此童话赛彼童话

      提起本回主角的名字格林，一般人就会马上想到《格林童话》的作者。但非常抱歉，情况并非如此。本回主角格林的全名是乔治·格林（George Green），他是两百多年前的英国数学家和物理学家。对，就是如今仍频繁出现在通信、数学、量子力学、生物医学和地震工程学等领域的格林函数、格林定理、格林恒等式和格林函数方法的提出者。不过，大家也不要太失望，别以为科学家的真实故事就不及童话，其实格林的故事远比一般童话更精彩，甚至是多个童话的精彩荟萃。比如，从中至少可看见《灰姑娘》《白雪公主》《小红帽》和《青蛙王子》等的影子。君若不信，请读下文。

      格林的出生时间就很有童话色彩。过去的史料一致认为格林的出生日期是 1793 年 7 月 14 日，但最近的考古显示，该日期是格林出生后在教堂接受洗礼的日期，而按当地习惯，洗礼一般不会在出生当天举行。所以，格林家乡的诺丁汉大学的"格林纪念基金网站"上便采纳了一个比较稳妥而仍可疑的日期——1793 年 7 月 13 日，认为格林的洗礼是在他出生后的第二天举行的。不过，可以肯定的是，格林的生日不会早于 1793 年 6 月 14 日，因为洗礼不会在满月后才举行。

也许有读者会纳闷：对于如此伟大的一位科学家，在档案记录如此完整的国度，在如此和平的年代里，仅仅过了两百年，咋就连他的生日都搞不清了呢？原来《青蛙王子》中的情节出现了。格林在生前压根儿就不是"王子"，甚至连"青蛙"都不是，最多算一只从未被注意过的"癞蛤蟆"，当然是有志于吃到天鹅肉的癞蛤蟆。直到默默无闻地去世四年多后，他才被贵人"吻醒"，又过了 30 多年才变成了科学"王子"。"热力学之父"、19 世纪最伟大的科学家之一、英国物理学家开尔文首先发现了格林手稿的重要性，并将它介绍到了当时的世界科学中心法国巴黎。经过一段时间的研读、检验和发酵后，格林函数才在解决某些实际数学问题时显现出了神奇的功效，才感动了当时的许多一流数学家，比如第一个证实存在超越数的大数学家刘维尔、法国几何学派代表人物沙勒以及如今著名的斯图姆定理的发现者斯图姆等。又过了 10 余年，格林的代表性论著《论数学分析在电磁理论中的应用》才在欧洲大陆的一份杂志上公开发表，从此才开始广泛传播。但是，在格林的祖国英国，反而直到格林去世 30 年后的 1871 年，他的重要文章才得以公开发表。到了格林已去世上百年的 20 世纪 50 年代，物理学家们再次发现格林函数法的重要性。如今，格林定理已催生了许多重要的科学分支，比如微分形式理论和流形上的微积分；格林函数法已成了许多领域的制胜法宝，特别是已成了量子统计中不可或缺的重要方法。比如，量子力学的数学结构能得到澄清就主要归功于格林的表述方法，多体系统的基态和热平衡性质能取得突破性进展也主要归功于量子场论中格林函数的应用，耗散和涨落影响能得到系统处理仍然要归功于闭路格林函数的成功应用。

好了，《青蛙王子》的童话讲完了，下面该请格林正式亮相了。

乾隆五十八年，或首任美国总统华盛顿宣誓连任的那一年，准确地说是 1793 年，在英国诺丁汉郡斯奈顿的某个大老粗家里，悄无声息地诞生了一个平平凡凡的男婴，一个即将演绎男孩版《灰姑娘》的小不点。文盲老爸自然高兴，可想了半天也没能给儿子取个满意的名字。最后，还是妈妈机灵，干脆让这父子俩共享一个名字。于是，家里就有了两个乔治·格林。本回随后所称的格林都指儿子格林。

老爸本来是个面包师，自从家里添丁后，为了多挣些口粮，就砸锅卖铁凑了点钱，自建了一座风车磨坊，为十里八村的人们有偿磨面。这样既增加了收入，也节省了面粉开销，减少了支出，家里的经济状况开始好转。格林 8 岁那年，父母终于攒够了几文闲钱，在 1801 年 3 月把他送进了附近的一所慈善小学。不过，这里又出现了分歧。一种说法是，根据史学家后来找到的该校学籍档案，格林在该校只读了三个学期，待到 1802 年夏天时，他不得不回家帮父亲养家糊口了，毕竟穷人的孩子早当家嘛。另一种说法是，格林从 1800 年至 1801 年在该校共学习了四个学期，这也是"格林纪念基金会网站"所采信的说法。无论是几个学期，格林在取得巨大成就之前几乎没接受过正规教育。

格林就学的时间虽短，但这段经历对他后来的成功起到了不可替代的决定性作用。当时该校的校长、时年 25 岁的罗伯特·古德克当时正拎着一双闪闪发光的"水晶鞋"，发愁找不到"灰姑娘"。直到格林出现时，他才总算松了一口气，找到了一个天才数学家的苗子。这个校长是来自外乡的一位数学爱好者，不但亲自撰写了许多数学教材，还收藏了众多前沿科学著作，经常举行公开学术演讲，希望激发全校师生和村民的科学兴趣。可是，在格林的家乡，除了文盲就是半文盲，更没人知道"科学"是啥玩意儿。确实，大家连温饱都没解决，哪有心思关注科学，哪有兴趣试试校长的"水晶鞋"呢？

虽然"灰姑娘"很快就辍了学，但校长与格林之间的往来肯定没因此中断。校长辅导过格林吗？不知道！校长是如何帮助格林的呢？也不知道！但是，史学家后来找到了格林早期的部分读书清单，其中包括拉普拉斯的《天体力学》、拉格朗日的《函数计算教程》、库仑的《电气与磁性》、泊松的《力学教程》、英国皇家学会年鉴、法国科学家毕奥的论著等。格林阅读的这些名著到底是从哪里来的呢？虽然那时乡里确有一位名叫约翰·托普利斯的穷人也学过几天数学，但其水平和财力都有限，他既不会是格林的老师，也买不起这些名著。既然那里名著不会从天而降，唯一的可能就是校长向格林提供了这些名著，毕竟当时再也没有其他人有闲钱或兴趣来收藏这些"天书"了。

至于格林是如何自学的，又是如何做研究的，受到了谁的指导等，这些问题的答案目前都不得而知。我们只能借用《小红帽》中的情节来猜测。格林自从被校长戴上"小红帽"，即引进科研大门后，他就每天快快乐乐地一边磨面、做面包，一边从事数学研究。总之，最后的事实是：格林在35岁那年，即1828年，奇迹般地完成了那篇后来永垂青史的著名论文《论数学分析在电磁理论中的应用》。可在当时，格林没有渠道发表此文。所以，他只好将论文手稿摆在面包店或磨面坊中，供慧眼识珠者友情购买。卖出一份后，他就再抄另一份。

据说，这篇文章最终卖出了 51 份，其中的 50 份都是由街坊四邻怀着行善的心态购买的，压根儿就不会拿正眼瞧它一下，即使瞧了一眼，恐怕也只是大眼瞪小眼，完全看不懂。不过，看来格林在当地的人缘还不错嘛。另外一份则落入了外村的一位名叫爱德华·布罗姆黑德的小地主手中。虽然这个小地主读罢论文后也是两眼一抹黑，但他至少有不明觉厉之感。于是，他鼓励格林继续研究，并表示愿意帮助他到大学深造。由于并非故交，刚开始时，格林只把地主的承诺当成客套而一笑了之。

一年后，父亲积劳成疾，不幸去世，格林继承了风车和磨坊生意，同时继续进行数学研究。到了 40 岁那年，家里的经济状况开始好转。这时，格林想起了地主的承诺，才主动联系对方。结果，这个地主还真肯帮忙，竟将他直接送进剑桥大学读本科。格林在大学期间的学术成就当然远远超过其他学生。在 44 岁那年，他以甲等第四名的优异成绩顺利毕业，然后被剑桥大学冈维尔与凯斯学院留任一个临时职位，解决了基本的生计问题。于是，格林便昼夜奋战，希望做出更大的成就。在留校的短短三年间，他发表了至少 6 篇高水平文章，其中一篇研究了波在波导中的传播规律，另外几篇分别涉及力学、声学和光学等。由于成就突出，格林在 46 岁那年被选为剑桥大学学术协会会员。这意味着他开始在正规的学术圈里崭露头角了。

可惜，也就在此时，格林的健康急剧恶化。1840 年，他忍痛辞职回家养病。仅仅几个月后，年仅 48 岁的格林便于 1841 年 5 月 31 日晚，怀着满腔遗憾默默地死在了妻子的怀中。据说，他的直接死因是酒精中毒，间接诱因却只是区区的流行性感冒。几天后，亲友们才从本地报纸的付费讣告中得知他的死讯。该讣告由那位小学校长的儿子起草，他充满伤感地说道：若格林能再活几年，他也许就能被认可为杰出的数学家！

唉，待到格林去世近半个世纪后，他的家乡终于在 1881 年有了大学——诺丁汉大学。该大学的图书馆被命名为格林图书馆，以纪念这位巨人。待到格林去世 130 多年后，诺丁汉大学物理系成立了格林纪念基金会，以资助像格林当年那样的穷学生。待到格林去世约 150 年后，他当年赖以生存的风车和磨坊也被恢复成格林纪念馆。所幸的是，格林早被遗忘的生平事迹在父老乡亲的长期努力下，终于一点点地发掘出了相关片段。目前，人们才了解了他较连贯的人生轨迹。遗憾的是，直到今天，人们对他的形象、性格及兴趣爱好等仍然一无所知。

为了保持可读性，本回虽未介绍格林函数的具体内容，但下面的事实也许有助于大家了解其成果的崇高学术地位。实际上，格林对后世的影响力确实大得惊人。比如，仅仅是在数学物理方面，格林的思想就形成了一个庞大的剑桥学派，培养了众多科学巨人，包括创立热力学温标、提出热力学第二定律、发现焦耳－汤姆孙效应的开尔文爵士，发现了至今在数学和物理学等领域仍起重要作用的斯托克斯公式的斯托克斯爵士，因瑞利散射和瑞利判据而闻名的 1904 年第四届诺贝尔物理学奖得主瑞利勋爵，以及经典电动力学的创始人、统计物理学的奠基人、电磁波的预言者、光的电磁学说的提出者、麦克斯韦方程组的提出者麦克斯韦等。

对了，喜欢较真的人也许要问了，前面说过的《白雪公主》童话在哪儿呢，咋没看见呢？嘿嘿，别急，格林夫妇共生了 7 个孩子，难道他们不是 7 个可爱的小矮人吗？格林娶的"白雪公主"很长寿，一直活到 1877 年，享年 75 岁。

第二十七回

麦克斯韦写方程，电磁光学统一论

本回主角是麦克斯韦，他的全名是詹姆斯·克拉克·麦克斯韦（James Clerk Maxwell）。你若对他的印象不深，那么下面的事实将令你对他肃然起敬。

在麦克斯韦诞辰 100 周年纪念会上，爱因斯坦谦虚地评价道："（他的成果）是自牛顿以来，物理学中最深刻、最有成效的变革。"换句话说，爱因斯坦认为，麦克斯韦的伟大程度仅次于牛顿，排名第二。1999 年底，英国《物理世界》杂志评出"有史以来 10 名最伟大的物理学家"，麦克斯韦排位第三，仅次于爱因斯坦和牛顿。同期，在英国广播公司（BBC）举行的"过去 1000 年来 10 名最伟大的思想家"评选活动中，麦克斯韦也榜上有名。

麦克斯韦在电磁学上的成就被誉为继牛顿之后"物理学的第二次大统一"。牛顿统一了天和地的运动规律，麦克斯韦则统一了电学、磁学和光学，且统一后的东西竟是一组非常简洁的方程，如今称为麦克斯韦方程组。它既具有对称之美，也兼统一之美，又含和谐之美，更有简洁之美。总之，它堪称物理学的美学典范。

麦克斯韦在光学、力学、电磁学、天文学、弹性理论、分子物理学、统计物理学等许多领域都做出了重大贡献，特别是从理论上总结了人类对电磁现象的认识，揭开了电磁之谜，预见了电磁波，为后来无线电等的诞生和发展开辟了道路。在 19 世纪的物理学家中，他被认为"对 20 世纪的影响最大"。他的成果为狭义相对论和量子力学打下了理论基础，是现代物理学的先声。他的电磁世界观为科学指明了方向。他创立的电磁场理论是 19 世纪物理学发展的最光辉的成果。他筹建并领导的卡文迪什实验室长期引领着原子物理学研究，该实验室被誉为诺贝尔物理学奖的摇篮。他为诘难热力学第二定律而进行的著名思想实验——麦克斯韦妖至今还为人们津津乐道。他被称为"电磁波之父""经典电动力学创始人"和"统计物理学奠基人"等。

但非常遗憾的是，麦克斯韦生前未能享受其应得的荣誉，甚至他的成就未被人们真正理解。说来也怪，麦克斯韦在一生中好像总是难以被人理解。中学时代，他的着装不为同学理解；大学时代，他的言语不为同学理解；成年后，他的学说不为同行理解。直到他去世后许多年，在 1888 年赫兹证明了麦克斯韦曾预言的电磁波的存在性后，人们才恍然大悟，原来麦克斯韦竟如此伟大！这是咋回事儿呢？欲知详情，请读下文。

1831 年，是大事频发之年。且不说雨果完成了世界名著《巴黎圣母院》，达尔文开始环球航行，也不说黑格尔和美国第五任总统等一大批名流纷纷去世，还不说咸丰皇帝、日本第 121 代天皇、美国第 20 任总统等诞生，单单在电磁学领域就发生了翻天覆地的两件大事，即法拉第首次发现电磁感应现象，以及本回主角于当年 6 月 13 日在苏格兰爱丁堡诞生。

刚刚呱呱坠地，麦克斯韦就发现自己撞上了好运，竟生在了名门望族。祖父既富又贵，是第六代克拉克从男爵，而且颇具艺术天分，素描和彩绘都很棒。祖母也是富家千金，甚至在米德尔比地区拥有大量地产。妈妈性格刚毅，做事干脆利落，决策果断，遇事冷静不乱，非常热爱田园生活。父亲不但后来继承了巨额遗产，而且是当地的一位著名律师，也是一位热衷于建筑和机械的设计师。父亲的言传身教对麦克斯韦一生的影响很大。父亲是一个慢性子，思想开放，思维敏锐，注重实际，行事粗犷，还非常能干。家里的大小事情，从修缮房屋、剪裁衣服到制作玩具等，父亲样样精通。全家人的唯一缺点就是讲话的乡音太重，外地人很难听懂。

麦克斯韦的幸福童年是在自家那面积多达 610 公顷的格伦莱尔庄园度过的。由于他是家中的独苗，再加父母老来得子，所以，麦克斯韦自然就成了整个家族的"小皇帝"，集万千宠爱于一身。麦克斯韦从小就有超强的记忆力，不但能背诵米尔顿的长诗，还能熟记 119 篇赞美诗。母亲对儿子的早期教育更是竭尽全力，亲自教儿子读书，更注意培养其好奇心。所以，儿时的麦克斯韦的求知欲和想象力都很强，凡是能运动、能发光或能发声的东西都会引起他的好奇，甚至像门锁和钥匙之类的东西也在他关注的范围内。他还爱思考，好提问，走到哪里就问到哪里，见什么就问什么，问什么就想什么。据说，2 岁多时，他就开始缠着大人追问：为啥马车要停在路旁，马儿为啥要休息，马儿的肚子也会疼吗，苹果为啥是红的……后来，他的问题就更多了，比如死甲虫为啥不导电了，活猫和活狗摩擦会生电吗，等等。虽然老爸常被他问得张口结舌，但心里很高兴，后来干脆带儿子去爱丁堡皇家学会旁听各种科学讲座。当时，小家伙的个头还没讲台高呢！由于老爸是皇家学会的"铁粉"，所以，儿子自幼受到了不少熏陶。

童年的幸福转瞬即逝。就在麦克斯韦8岁那年，妈妈因患胃癌匆匆离世。于是，老爸承担起了儿子的早期教育任务。父子俩朝夕相处，相依为命，关系非常亲密。麦克斯韦最大的快乐就是像跟屁虫一样，随时给老爸当拐棍。为了赢在起跑线上，老爸给儿子请了一位家庭教师。可哪知事与愿违，这位家庭教师十分刻薄，经常责骂麦克斯韦，并羞辱他迟钝、任性等。这在麦克斯韦的幼小心灵上留下了深深的阴影。再加上他过早失去母爱，他的性情渐渐变得孤僻，终生都很内向，不善交际。在姨妈的提醒下，老爸及时发现了问题，于1841年11月果断辞退了这位家庭教师，然后将儿子送到久负盛名的爱丁堡中学读书。

由于长期待在乡下未见过世面，再加入学比较仓促，报名时一年级的名额已满，所以，10岁的麦克斯韦不得不直接跳级进入二年级。上学第一天，同学们就给他来了个下马威，他因浓重的乡音遭到了嘲笑，因为大家确实听不懂他在说啥。他身上穿的衣服和鞋子更被鄙视，因为那是他老爸按乡间传统亲自缝制的杰作。他见到老师和同学时不懂问好，因此被认为不够绅士，甚至被误解为粗鲁。于是，调皮蛋们便群起而攻之。麦克斯韦的衣服被撕破了，脸也被抓伤了，而且被取了一个很难听的绰号——"土包子"。在全班同学的眼里，这位新同学几乎成了愚蠢和古怪的代名词。熟悉了学校环境后，麦克斯韦开始反击了。刚开始时，他采取各个击破的战术，用拳头将调皮蛋们逐一降服，从此再没人敢当面叫他"土包子"了。13岁时，这个"土包子"突然发力，竟同时获得了校内数学、英语及诗歌一等奖。于是，"洋包子"们才终于意识到，妈呀，原来自己才是"土包子"，原来麦克斯韦是超级"学霸"。从此，大家对他才口服心服！其实，麦克斯韦并非只是"学霸"。他早在 14 岁时就在《爱丁堡皇家学会会刊》上发表了一篇题为《论椭圆曲线》的科学论文。虽然今天看来这篇论文的水平很一般，但当时它在校内造成的震撼非同一般，甚至受到了爱丁堡学术界的关注。从此之后，麦克斯韦的科学严密性和对数学的偏爱暴露无遗了。不过，麦克斯韦绝非神童，甚至可以说是大器晚成。直到生命晚期，他才运用深奥的数学工具取得了自己的代表性成就。当然，他的最大特点是不屈不挠，而且总是精力充沛。

16 岁时，麦克斯韦进入爱丁堡大学专攻数学物理。在班上，他的年纪最小，但他的成绩总是名列前茅。他读书很用功，但并不呆板，课余时间要么写诗，要么广泛阅读各种书籍，从而积累了大量知识，为后来攀登科学高峰奠定了坚实的基础。在爱丁堡大学读书期间，有两位老师对他产生了深刻的影响，其中一位是物理学家福布斯，另一位是逻辑学家哈密顿。前者培养了他对实验技术的浓厚兴趣，后者则强制训练了他写作的条理性，并用怪诞的批评方式刺激他爱上了基础研究和科学史。由于名师的指导，再加上他本人的聪慧和勤奋，麦克斯韦的学业一天天进步，他用三年时间学完了四年课程，而且在 18 岁那年又在《爱丁堡皇家学会会刊》上发表了两篇论文。

此时，爱丁堡大学这个摇篮已嫌太小。于是，在征得老爸同意后，1850 年 10 月，19 岁的麦克斯韦转入剑桥大学，在三一学院数学系学习，然后于 1854 年毕业，顺利取得数学学位。接着，他留校任教至 1856 年。在剑桥大学的 6 年间，麦克斯韦最大的收获是遇到了"数学伯乐"霍普金斯。后者让麦克斯韦坚信"科学应为人类服务，空洞的数学和虚伪的图形最为无聊"，于是，麦克斯韦开始重视数学与物理的结合。正巧就在这时，法拉第于 1855 年出版了科学巨著《电学实验研究》。麦克斯韦潜心读罢这部巨著后，便被法拉第那大胆而新颖的见解所吸引，同时也从"书里竟无任何数学公式"的事实中看到了科研良机，从此下定决心要用自己的数学天赋来填补"法拉第理论缺乏数学基础"的空白。说时迟那时快，只见麦克斯韦在当年就来了个开门红，发表了自己的首篇电磁学论文《论法拉第的力线》，用数学理论较好地解释了法拉第的观点。此文立即得到了法拉第的肯定，他亲自给麦克斯韦写信说："你的文章很出色，你是真正理解我的理论的人。"法拉第又进一步鞭策道："你不该只是用数学来解释我的观点，而应该突破它！"麦克斯韦深受鼓舞，科研信心更足了。可是，"突破"谈何容易。为此，麦克斯韦几乎花费了近 20 年的光景，直至去世前几年才最终实现"突破"。在此期间，酸甜苦辣，五味俱全。发表第一篇论文 7 年后，麦克斯韦才迈出了艰难的第二步，在英国《哲学杂志》上发表了第二篇电磁学论文《论物理的力线》，推出了两个微分方程，统一解释了所有已发现的电磁感应现象，当然也包括法拉第的电磁感应现象。此外，麦克斯韦还给出了一个惊人预言：变化的电磁场将从四面八方向空间传播，形成电磁波！又过了两年，他发表了论文《电磁场动力理论》，提出了一套完整的方程组，而且给出了一个更加惊人的预言：光也是一种电磁波！再过了 9 年，麦克斯韦才出版了集电磁理论之大成的经典著作《电磁学通论》。从此，电磁理论的大厦终于建成，麦克斯韦早年的"突破"梦总算变成了现实。可是，由于麦克斯韦的这套理论太高深，人们只拿它当茶余饭后的谈资，并未真正理解它，更谈不上重视它。所以，此处只好"倒带"，重新穿越到麦克斯韦的青年时代。

1856 年，25 岁的麦克斯韦永远失去了父亲。也是在这一年，麦克斯韦离开剑桥大学，接受了马歇尔学院的教授职位，后来又升为系主任。麦克斯韦教授在讲台上的表现真不敢恭维。虽然他备课很认真，板书也很漂亮，但是他要么像催眠一样念讲稿，要么经常跑题，而且一跑就跑到天涯海角，滔滔不绝，大谈特谈刚刚闪现的某个灵感。他一会儿随手在黑板上画满像"火星文"一样的图形和符号，一会儿又陷入自言自语状态。即使最优秀的学生也会被搞得晕头转向。至于课堂进度嘛，当然就完全没谱了。但是，一下讲台后，麦克斯韦便立即成了一位非常尽职的导师。他常常与有特殊兴趣的学生进行头脑风暴，一讨论就是几小时，直到大家都尽兴而归。对于那些能够捕捉他的思想火花的学生来说，麦克斯韦的超人灵感更能使学生受益，如醍醐灌顶。

在马歇尔学院期间，麦克斯韦终于解决了个人问题。1858 年 7 月 4 日，他娶回了 34 岁且比自己还高出一头的媳妇、马歇尔学院院长的千金。此处为啥要用"终于"两字呢？因为麦克斯韦的初恋其实是聪明、美丽而又大方的表妹，可是经长期纠结、权衡利弊后，最终两人还是依依不舍地选择了分手，唯一原因只是想避免近亲结婚影响后代的健康。可哪知麦克斯韦结婚后，太太却因身体太差，再加上年龄偏大，始终未能生得一男半女。这下表妹不满了，早知表哥命中无后，何不当初亲上加亲呢？于是，表妹开始发飙了，生性执拗而又爱妒忌的太太也开始疑神疑鬼，甚至有点神经错乱了。于是，麦克斯韦开始成为"受气包"了。一方面，他得花费大量精力和时间去照顾太太；另一方面，他更得随时小心谨慎，对太太早请示，晚汇报。每一件事情无论多么细小，他都得讲得声情并茂、面面俱到。学校里有啥新闻，学院里有啥变化，课堂上有啥故事，自己在事业上又有啥进步，在大街小巷又碰到啥意外等，只要是能让太太高兴和感兴趣的事情，讲得越多越好，越细越好。当然，关于哪位女性的样貌如何，哪位同事喜得贵子等，这些均属敏感信息。但是，客观地说，麦克斯韦夫妇对彼此的付出都非常巨大，太太深爱丈夫，而且总是尽力当好科研助手；麦克斯韦对太太也是恋恋不舍，甚至专门为她写了一首感人的情诗（啊，你我将长相厮守，在生机盎然的春潮里，我的灵魂已穿越寰宇；把我的整个生命都导入这春潮里……）。

1860 年是麦克斯韦的倒霉之年。首先，他自己在马歇尔学院的教授头衔被莫名其妙地搞丢了，甚至连马歇尔学院本身也被新成立的阿伯丁大学合并，以致他几近失业。其次，他申请爱丁堡大学刚空缺出来的教授职位的努力也以失败告终。再次，他又染上了致命的天花，差点命丧黄泉。最后，苍天终于开眼，在遥远的伦敦国王学院，连遭横祸的麦克斯韦谋到了一个教授职位。1860 年夏天，29 岁的麦克斯韦带着夫人离开了马歇尔学院。

待到麦克斯韦进入伦敦国王学院后，他的事业生涯便进入了高潮期。就在刚入职伦敦国王学院的 1860 年，麦克斯韦便因在色彩学方面的成果而获得皇家学会颁发的伦福德奖章。1861 年，他又当选为皇家学会会员。最重要的是，麦克斯韦经常出席皇家学会的公众讲座，他在那里遇见了一生中最重要的贵人——比自己年长 40 岁的法拉第。他俩虽谈不上关系亲密，那时法拉第已开始出现老年痴呆症状，但是他俩总喜欢定期交流，而且彼此都非常敬重对方的才华和思想。双方都知无不言，言无不尽。

至此，麦克斯韦虽已在多方面取得了重要成果，但是他在电磁学方面的代表性成果始终"犹抱琵琶半遮面"，不肯最后亮相。

咋办呢？一不做，二不休，麦克斯韦干脆辞掉好不容易才得到的伦敦国王学院的教授职位，于 1865 年带着妻子回到童年时的庄园，全身心投入科研，希望能揭开电磁学的神秘面纱。一年过去了，他未能攻破难关。两年过去了，难关仍在。一直到 8 年后的 1873 年，麦克斯韦一生的梦想总算实现了，他的具有划时代意义的专著《电磁学通论》正式出版了！

该书在今天被高度评价为"继牛顿《自然哲学的数学原理》之后最重要的物理学经典"，但非常可惜的是，在当时该书的重要性并未被认可。更可惜的是，1879 年 11 月 5 日，麦克斯韦因胃癌在剑桥逝世，享年 48 岁。比较诡异的是，他的母亲也是在 48 岁那年因同种癌症而去世的。更巧的是，爱因斯坦刚好在这一年出生，好像他俩在交接班似的。类似的巧合在科学史上还有一次，那就是 1642 年伽利略去世，牛顿出生。

虽然麦克斯韦去世了，但他的故事并未结束。正如原子弹的成功爆炸终于使人们意识到相对论的重要性一样，随着麦克斯韦的电磁波预言和光波预言先后被证实，人们才终于意识到了麦克斯韦理论的重要性。在 20 世纪科学革命来临时，他的思想和方法的重要意义更得到了充分体现。为了纪念麦克斯韦的功绩，后人将许多事物都冠以他的名字，如磁通量的国际标准计量单位叫麦克斯韦（Mx），金星上有麦克斯韦山脉，土星环中有麦克斯韦缝等。

第二十八回

哈密顿走别人路，让别人无路可走

学过图论的读者应该都记得著名的哈密顿图，该图中至少存在这样一条哈密顿回路：它经过图中的每个节点，且不多不少刚好经过一次。"哈密顿回路"和"哈密顿图"这两个专业术语本来用于纪念本回主角在图论中的奠基性贡献，非常巧合的是，若结合哈密顿的学术道路，他的一生几乎也走了一条"哈密顿回路"，他马不停蹄地沿最短路径，随意转变研究方向和课题，结果却屡屡占领别人的制高点，反而让别人无路可走。若你不信，咱们就来演绎一下他的人生之路，看看别人的活路到底在哪儿。

1805 年，即嘉庆十年，这一年清政府禁止西洋人刻书传教，纪晓岚去世，丹麦童话作家安徒生诞生。这一年 8 月 4 日，在爱尔兰都柏林的一个并不富裕的初级律师家里，诞生了一个眼珠子滴溜溜乱转、猴精猴精的小人精。老爸一看这个老四，心中就乐开了花，赶紧在家谱上记下儿子的姓名威廉·罗恩·哈密顿（William Rowan Hamilton）。

这哈密顿果然是人精中的人精，但见他掐指一算：哦，老爸巧舌如簧，好酒如命，笃信宗教，自己也将遗传这三个特质；哦，自己前面已有三个哥哥姐姐，后面还将有五个弟弟妹妹，看来父母今后够苦了，自己还是赶紧长大吧。

哈密顿走出的第一步自然是学语言。家里请来颇具语言天赋的叔父当老师，教他读书、作文和写诗等，教他学习外语。3 岁时，他的英语阅读和写作水平就很高了。他 5 岁就能翻译希伯来语了，6 岁就能用拉丁文描写爱尔兰的锦绣河山了，7 岁就能背诵希腊语版的《荷马史诗》了，8 岁就掌握意大利语和法语了，不到 10 岁时就学会阿拉伯语和梵语了。接着，他一不做二不休，相继掌握了印地语、马来语、马拉塔语和孟加拉语等东方语种、13 岁时又拿下了波斯语。在 14 岁时，他在都柏林欢迎波斯大使的宴会上，用波斯语与大使进行了热烈而友好的交流，喜得对方合不拢嘴，连声叫好。他几乎每年都能精通至少一门语言。在 14 岁前，他已掌握了至少 12 种语言。照此下去，语言学家和文学家真要失业了。

突然，这时半路杀出个程咬金，那就是比哈密顿大一岁的美国天才速算神童，只听他先是一通背诵"1 乘 1 得 1，1 乘 2 得 2……9 乘 9 得 81"的九九乘法口诀，然后再是一通竹筒倒豆子般的速算表演。结果，从未学过数学的哈密顿惊呆了：世上还有数学这玩意儿，还有人能算得如此神速，这口气一定要争回来。于是，早已能舌战群儒的哈密顿就走向了数学家之路，这下子该轮到数学家无路可走了。

区区加减乘除当然不在话下。15 岁那年，他直接找来法国数学家克莱罗的名著《代数基础》，一口气学会了代数。然后，他又找来牛顿的《自然哲学的数学原理》，第二口气就学会了微积分，并爱上了天文学，常用自制的望远镜观测天体。他还觉得不过瘾，在 16 岁时找来法国著名数学家和天文学家拉普拉斯的名著《天体力学》，第三口气就对该书内容倒背如流了，而且发现了拉普拉斯关于力的平行四边形法则的证明是错误的。17 岁那年，哈密顿的一连串举动引起了爱尔兰科学院布林克莱院士的注意。他惊叹道：这小子才是同龄人中最牛的数学家。这位院士可能不知道，在文学天才哈密顿的心目中，"诗与数学是近亲"，文学与数学是近似的学科，它们都采用代表抽象思维的文字与符号。难怪后来成为数学大师后，哈密顿仍不断创作诗歌。

转眼就到了 18 岁。从未上过学的哈密顿轻轻松松就以第一名的成绩考入了牛顿的母校——剑桥大学三一学院，主修数学和文学。从此，他就告别了经常观察的田间小动物，告别了经常裸泳的家乡小鱼塘，开始接受正规大学训练，开始走上"学霸"之路，也让"学霸"们无路可走。门门考试第一名自不必说，数理类的各个奖项当然也非他莫属，更让其他"学霸"憋屈的是，甚至连古典文学之类的文科头把交椅也都得拱手让位于他。是可忍孰不可忍，但又不得不忍，"学霸"们敢怒而不敢言。他不仅要赢遍全校，还要冲出英国，走向世界。早在读大二时，他就发表了一篇奇文《光束理论》，将几何光学问题转换成了数学问题，提出了一种高效的统一方法论。他的导师看罢此文后立即将它转给爱尔兰皇家科学院，请求权威评判。院士们审议后毫不含糊，一口气就吐出了三重否定：太抽象，公式一般，结果还需验证。哈哈，超级"学霸"哈密顿这下子总算栽跟头了吧？非也，原来此文竟然超越时代近百年，直到后来人们需要研究原子结构和量子力学时才发现了其妙用。难怪 14 年后德国著名数学家、椭圆函数论奠基者雅可比会拿当时的顶级数学家拉格朗日来比拟哈密顿，说他是"英国的拉格朗日"。难怪半个多世纪后近代量子力学奠基者、物理学家薛定谔也说哈密顿原理是近代物理的基石。

抢占了"学霸"们的出路后，哈密顿当然不肯就此罢休，他还要再接再厉，抢占教授们的出路。在读大四那年，英国皇家天文台和剑桥大学三一学院打算面向全球联合招聘一名天文学教授。消息一出，业界哗然，各地教授、副教授、讲师和博士等纷纷在第一时间投出简历，人人志在必得。眼看招聘之职即将落入他人之手，突然乳臭未干的在校大学生哈密顿倒竖虎须，圆睁环眼，手持蛇矛，立马当阳桥头，挡住众人去路。众人一时莫名其妙，正犹豫时，忽听一声晴天霹雳："我乃洋人哈密顿也！谁敢决一死战？"应聘者闻之，尽皆胆战，不知所措。言未已，哈密顿睁目又喝道："洋人哈密顿在此！谁来找死？"哈密顿望见阵脚后移，众人似有退却之意，乃挺矛又喝道："战又不战，退又不退，却是何故？"喊声未绝，一位博士竟惊得肝胆俱裂，倒于马下。众人回马而走，于是年仅22岁的哈密顿于1827年6月10日一步登天，直接从在校大学生变成了著名教授。后人有诗赞曰："当阳桥头杀气生，横枪立马眼圆睁。一声好似轰雷震，独退应聘百万兵。"

成为剑桥大学的教授后，为了减轻家庭负担，哈密顿带着三个小妹妹搬入天文台，一边照顾她们，一边做科研。其实他并不擅长天文观测，只让妹妹们帮他仰望星空，自己则继续研究理论。他与外界的联系也相应减少了，这让那些教授暂时松了一口气。5年后，27岁的哈密顿成为爱尔兰皇家科学院院士，重新出山。他与各界学者进行了广泛交流，甚至连诗人和哲学家都不放过，干脆把康德的代表作《纯粹理性批判》吃了个透。至于他在数理方面的成就嘛，那就更不得了。他在29岁时发表了论文《一种动力学的普遍方法》，创立了著名的哈密顿原理，树立了动力学里程碑；30岁时完成了著名的哈密顿正则方程，发现了重要的哈密顿函数，同年当选"不列颠科协主席"，并被授予爵士头衔；31岁时荣获皇家奖章；32岁时成为爱尔兰皇家科学院院长，并在这个位置上待了整整8年。特别是38岁时，他完成了代数方面的一项重要成果，提出了四元数概念。这可又是一个了不得的突破，甚至被认为是"19世纪纯粹数学最重要的发现"。爱尔兰政府为纪念该项发现100周年专门发行了一枚纪念邮票。如今，四元数在控制理论、信号处理、轨道力学、计算机图形学等数理领域的价值自不必说，单单在通信界，它就实现了麦克斯韦方程组的实质性精简，大大促进了电磁波理论和技术的飞速发展。这也是本书为哈密顿写小传的主要原因。当然，他在图论等方面的众多成果也被频繁应用于电信交换中的最佳路由设计等方面。

哦，对了，伙计，上面的演义归演义，此处必须严肃指出，其实哈密顿做科研非常专注，甚至到了痴迷程度，绝非探囊取物那么简单。他很重视教学，能把天文学讲得比故事还精彩，把数学讲得像文学那样吸引人。他为人忠厚且谦虚，对各种荣誉都淡然处之，甚至为自己草拟的墓志铭也只是"勤劳和爱真理的人"。他的思想活跃，作风严谨，发表的论文虽很简洁，但手稿很详细，因而弟子们为他整理出了大批遗著。比如，最后一本遗著《四元数的原理》就厚达800多页。仅在三一学院图书馆中，他的遗稿就多达250部，此外还有大量的学术通信和未发表的论文。至于在爱尔兰国家图书馆等其他地方，其遗稿就更多了。哈密顿非常重视稍纵即逝的灵感，他的儿子回忆说：无论是走路、吃饭或做事，一旦灵感出现，他就立马记下。若没带纸，他就将其记在手或手臂上；若正在吃早餐，他就把公式写在蛋壳上。有一天，哈密顿和妻子漫步于一座桥上。这时妻子又发飙了，但他没听见任何声音，只觉眼前突然一亮，竟解决了一个苦思良久的问题。情急之下，他掏出小刀把那个公式刻在桥栏上。如今这座名为金雀花的小桥已成著名旅游景点，其旁有一块石碑，上面写道："1843 年 10 月 16 日，哈密顿爵士途经此桥时，突然找到了四元数的基本乘法公式，并刻之于此。"另外，哈密顿的毅力也十分惊人。这里仍以研究四元数为例，他几乎把生命的三分之一都耗在了此事上，甚至在去世前几天写给儿子的信中还在谈论其最新进展。

可能有读者质疑了：总抢走别人出路的哈密顿自己的路就没被别人抢走过吗？嘿嘿，问得好！当然有，他最重要的人生路被别人抢走了，那就是爱情之路。早在 18 岁刚入剑桥大学时，他就爱上了一位同学的姐姐。虽然他不断给梦中情人写诗，还三天两头送花，但她仍被别人娶走了。初恋的失败让哈密顿终身不能忘怀。后来在大二和大三两年中，他又连续追求过两位心上人，结果仍被其他白马王子抢走。若非他笃信的宗教视自杀为罪恶，可能他早就跳水了。经历了多次感情受挫后，无奈的他只好在 28 岁那年随便娶了一位自己并不满意的妻子，她不但体弱多病，还从不做家务。虽然他俩育有二子一女，但感情始终不合，长期分居。哈密顿每天劳累 10 多个小时，经常不能正常用餐，只好一边吃饭一边埋头做科研。实在郁闷时，他就借酒消愁，把自己灌醉。他的卧室和书房又脏又乱，简直让人难以置信。

1865 年 9 月 2 日，哈密顿因痛风逝于爱尔兰都柏林，享年 60 岁。后来，弟子们在其成堆的遗稿中发现了许多闪光的思想，还找到了不少吃剩的肉骨头和三明治等腐物。唉！